FAÇA A VIDA VALER A PENA

MAX LUCADO

AUTOR COM MAIS DE 125 MILHÕES DE LIVROS VENDIDOS

FAÇA A VIDA VALER A PENA

PORQUE VOCÊ NASCEU PARA MUDAR

TRADUZIDO POR

Lilian Jenkino

THOMAS NELSON
BRASIL®
Rio de Janeiro, 2018

Título original
Outlive your life

Publisher	*Omar de Souza*
Editores	*Aldo Menezes e Samuel Coto*
Coordenadora de produção	*Thalita Ramalho*
Supervisão editorial	*Clarisse de Athayde Costa Cintra*
Produção editorial	*Fernanda Silveira*
Capa	*Douglas Lucas*
Tradução	*Lilian Jenkino*
Copidesque	*Silvia Rebello*
Revisão	*Magda de Oliveira Carlos* *Cristina na Loureiro de Sá*

CIP-BRASIL. CATALOGAÇÃO NA FONTE
SINDICATO NACIONAL DOS EDITORES DE LIVROS, RJ

L965f

Lucado, Max, 1955-
Faça a vida valer a pena: Porque você nasceu para mudar / Max Lucado; tradução Lilian Jenkino. - 2a ed. - Rio de Janeiro: Thomas Nelson Brasil, 2016.

Tradução de: Outlive your life: you were made to make a difference
Inclui bibliografia
ISBN 978.85.7860.878-1

1. Amor - Aspectos religiosos - Cristianismo. 2. Conduta. 3. Vida cristã. I. Título.

CDD: 248.86
CDU: 27-4

Rua da Quitanda, 86, sala 218 – Centro – 20091-005
Rio de Janeiro – RJ – Brasil
Tel.: (21) 3175-1030
www.thomasnelson.com.br

Denalyn e eu gostaríamos de dedicar este livro à minha irmã e ao meu cunhado, Jacquelyn e Ken Wallace. Outros corações benévolos podem existir, mas não deste lado do céu. Amamos vocês.

Sumário

Agradecimentos

Por trás deste livro há uma tropa de pensadores, estrategistas, sonhadores e investigadores atentos.

Liz Heaney e Karen Hill: editores que prestaram socorro a este livro e ao seu autor mais de uma vez. Um trabalho incrível!

Steve e Cheryl Green: se vocês tivessem vivido no século passado, teriam conduzido um rebanho de gado até Montana. Ninguém consegue manter um rebanho no caminho como vocês.

Carol Bartley: seu nome do meio é Exatidão? Obrigado por usar suas habilidades neste livro.

Mike Hyatt, Dave Moberg, Susan e Greg Ligon, Dave Schroeder e toda a equipe da Thomas Nelson: vocês são um modelo de presteza e excelência. Paula Major, bem-vinda ao time!

Rich Stearns e a organização Visão Mundial: vocês *têm o dever* de continuar falando sobre os pobres. Eles precisam da sua ajuda, e nós precisamos acordar.

Randy e Rozanne Frazee: vocês elevam o coração de todos que encontram! Que bênção de intelecto e bondade. É um prazer ser seu parceiro.

David Drury e Greg Pruett: tremenda perspicácia de ambos. Vocês não só conhecem o livro de Atos, como também o vivem.

David Treat: sua oração constante é como um muro sólido. Obrigado pela capa.

Equipe de ministério da UpWords: por todos os telefonemas e perguntas a que vocês responderam, bravo!

Igreja Oak Hills: o melhor ainda é ser!

Brett e Jenna Bishop, Andrea Lucado e Sara Lucado: fico impressionado com a fé e com a maturidade de vocês. Se orgulho fosse biscoitos, eu seria uma confeitaria.

E Denalyn, minha querida, querida mulher: quando Deus criou os céus e a terra, os anjos observaram em silêncio. Quando Deus criou você, eles irromperam em aplausos. Ainda os ouço aplaudindo.

E a você, leitor: este livro é um marco para mim, pois são vinte e cinco anos publicando livros. Obrigado por me estimular nesta jornada. Una-se a mim em agradecimento a Deus. Todos nós sabemos a verdade: ele é a fonte de todo o bem. Se minhas palavras ajudarem você, agradeça-lhe por ainda falar através de ignorantes como eu.

Encontrando o padre Benjamin: uma fábula

Ventos desfavoráveis sopram o navio para fora do curso, e, quando isso acontece, os marujos descobrem ilhas desconhecidas. Eles veem uma meia dúzia de morros se erguendo das águas azuis dos mares do Sul. O capitão ordena que os homens baixem a âncora e desembarca. É um homem robusto com peito em forma de barril, barba cheia e alma curiosa.

Na primeira ilha ele não vê nada além de tristeza. Crianças subnutridas. Tribos em conflito. Nenhuma criação de animais nem plantação, nenhum tratamento para os doentes, nenhuma escola. Só pessoas necessitadas.

A segunda e as demais ilhas revelam mais do mesmo. O capitão suspira com o que vê. — Isso não é vida para essas pessoas. — Mas o que ele pode fazer?

Então, ele pisa na última ilha, a maior de todas. As pessoas são saudáveis e estão bem alimentadas. Sistemas de irrigação dão vigor aos campos e estradas ligam as vilas. As crianças têm olhos brilhantes e são fortes. O capitão pede explicação para o chefe. Como essa ilha está tão mais evoluída do que as outras?

O chefe, que é menor que o capitão, mas equivalente em confiança, dá uma resposta curta:

— Padre Benjamin. Ele nos educou em tudo, de agricultura a saúde. Ele construiu escolas, clínicas e poços.

O capitão pergunta: — Você pode me levar para vê-lo?

O chefe faz que sim e sinaliza para que dois membros da tribo o acompanhem. Eles guiam o capitão pela estrada que atravessa a mata até uma clínica médica simples e ampla. O lugar está equipado com camas limpas e tem uma equipe de pessoas treinadas. Eles mostram as prateleiras com remédios ao capitão e o apresentam à equipe. O capitão, embora impressionado, não vê nem sinal do padre Benjamin. Ele repete seu pedido. — Eu gostaria de ver o padre Benjamin. Vocês poderiam me levar até onde ele vive?

Os três nativos parecem confusos. Eles conferenciam entre si. Depois de alguns minutos, o chefe convida:

— Siga-nos até o outro lado da ilha.

Eles caminham pelo litoral até chegarem a uma sucessão de tanques de peixe. Canais ligam os tanques ao mar. Conforme a maré sobe, os peixes passam do oceano para os tanques. Então, os nativos abaixam os portões do canal e capturam os peixes.

Mais uma vez o capitão fica impressionado. Ele encontra pescadores e trabalhadores, gente tomando conta dos portões e lançando redes. Mas nem sinal do padre Benjamin. Ele se pergunta se está sendo claro.

— Não estou vendo o padre Benjamin. Por favor, levem-me até onde ele vive.

O trio conversa a sós outra vez. Após certo debate, o chefe oferece:

— Vamos subir a montanha. — Eles conduzem o capitão por um caminho íngreme e estreito. Depois de muito serpentear, o caminho os coloca diante de uma capela coberta de plantas. A voz do chefe é baixa e séria:

— Ele nos ensinou sobre Deus.

O chefe escolta o capitão até o interior da capela e lhe mostra o altar, uma grande cruz de madeira, várias fileiras de bancos e uma Bíblia.

— É aqui que vive o padre Benjamin? — pergunta o capitão.

Os homens assentem com a cabeça e sorriem.

— Posso falar com ele?

O rosto deles fica sério de repente. — Isso seria impossível.

— Por quê?

— Ele morreu há muitos anos.

O perplexo capitão fita os homens.

— Eu pedi para vê-lo e vocês me mostraram uma clínica, algumas fazendas de peixe e esta capela. Vocês não falaram nada sobre sua morte.

— Você não perguntou sobre sua morte — explica o chefe. — Você pediu para ver onde ele vive. E nós mostramos para você.

Capítulo 1

Nossa chance de ouro

Quando se deu conta do que acontecia, você já estava envolvido até o pescoço. Você engatinhou e balbuciou, rabiscou paredes e brincou de bola, choramingou e gargalhou durante a passagem das fraldas para a infância.

Você notou que os rapazes não são como as garotas, que os cães não são gatos e que pizza cai melhor que espinafre. E depois, em algum lugar no meio de tudo isso, você teve um estalo. Talvez no funeral do seu avô. Talvez quando acenou se despedindo do seu irmão mais velho que foi embora para a marinha. Você percebeu que esses dias são mais do que passeios regados a sorvete, lição de casa e espinhas. Isso se chama vida. E essa é a sua.

Cheia de verões, canções, céus nublados e lágrimas, você tem uma vida. Você não pediu, mas tem. Um primeiro dia. Um último dia. E milhares entre eles. A você foi dada uma vida humana.

A você foi dada a *sua* vida. Ninguém mais tem a sua versão. Você nunca vai dar de cara com você mesmo na calçada. Você nunca encontrará alguém que tenha a sua combinação exata de ascendências, amores e lembranças. Sua vida nunca será vivida por outra pessoa. Você não é uma jaqueta em um sótão que pode ser reciclada depois que você se for.

E quem pisou no acelerador? Assim que um dia é vivido, *voilà*, logo vem outro. O passado passou, e os bons velhos tempos são exatamente isso: velhos tempos, o que ocupa espelhos retrovisores e álbuns de recortes. A vida está correndo, e, se não ficarmos atentos, levantaremos os olhos e o nosso tiro de largada já terá passado por nós.

Algumas pessoas não perdem tempo com tais pensamentos. Elas passam pesadamente pelos dias sem levantar os olhos para enxergar. Vivem e morrem e nunca perguntam por quê.

Mas você não pertence ao grupo delas, ou não estaria segurando um livro cujo título é *Faça a vida valer a pena*. Para você, fazer bem não basta. Você quer fazer o melhor. Você quer que sua vida seja significativa. Você quer viver de uma maneira tal que o mundo ficará feliz por você ter existido.

Mas como você pode fazer isso? Como eu posso? Deus pode nos usar?

Tenho cento e vinte respostas para essa pergunta. Cento e vinte habitantes da antiga Israel. Eles foram os membros fundadores da igreja de Jerusalém (Atos 1:15). Pescadores, alguns. Representantes do fisco, outros. Uma ex-prostituta e um revolucionário convertido, ou dois. Não tinham influência com César, nem amigos na cúpula do templo. Verdade seja dita, não tinham nada mais do que isto: um desejo tremendo de mudar o mundo.

Graças a Lucas é que sabemos como eles se saíram. Lucas registrou as histórias no livro de Atos. Vamos ouvi-lo. Está certo: *ouvir* o livro de Atos, que crepita com os sons da obra de Deus se expandindo. Pressione a orelha contra as páginas e ouça Deus insistindo nos cantos e nas frestas do mundo.

Ouça os sermões ecoando fora dos muros do templo. As águas batismais respingando, as almas recém-salvas rindo. Ouça a colher raspando a tigela enquanto outra boca faminta é alimentada.

Ouça as portas se abrindo e os muros desmoronando. Portas para Antioquia, Etiópia, Corinto e Roma. Portas em palácios, prisões e nas cortes romanas.

E muros. O antigo preconceito entre judeus e samaritanos: derrubado! A divisão fincada e encravada entre judeus e gentios: quebrada! As separações que mantinham isolados os homens das mulheres, os donos de terra dos miseráveis, os senhores dos escravos, os africanos negros dos judeus mediterrâneos: Deus demoliu tudo isso.

Atos anuncia: — Deus está em ação!

— Ainda está? — nos perguntamos. — Deus faria conosco o que fez com seus primeiros seguidores?

O céu sabe que assim esperamos. Estes são tempos devastadores: 1,75 bilhão de pessoas são desesperadamente pobres,[1] um bilhão de famintos,[2] milhões são traficados como escravos e as doenças pandêmicas estão devastando nações inteiras. A cada ano, cerca de dois milhões de crianças são exploradas pelo comércio sexual no mundo todo.[3] E, nos cinco minutos que você levou para ler estas páginas, quase noventa crianças morreram de doenças evitáveis.[4] Mais de metade da população africana não tem acesso a instalações sanitárias modernas e, por consequência, todo ano dez milhões de pessoas morrem de diarreia, doença respiratória aguda, malária e sarampo. Muitas dessas mortes poderiam ser evitadas facilmente.[5]

No meio de toda essa ruína, aqui estamos, a versão moderna da igreja de Jerusalém. Você, eu e nossa vida única, nossa chance de ouro.

Somos a geração mais próspera de cristãos de todos os tempos. Somos brilhantes, educados e experientes. Podemos viajar pelo mundo em vinte e quatro horas ou enviar uma mensagem em milésimos de segundo. Temos a medicina mais sofisticada ao alcance das mãos. Temos amplos recursos. Meros 2% da produção total de grãos seriam suficientes, se divididos, para acabar com os problemas de fome e desnutrição do mundo.[6] Há comida suficiente no planeta para oferecer a todas as pessoas 2.500 calorias de alimentos por dia.[7] Temos bastante comida para alimentar os famintos.

E temos quartos suficientes para abrigar os órfãos. Vejamos os cálculos:

Existem 145 milhões de órfãos no mundo.[8] Cerca de 236 milhões de pessoas nos Estados Unidos se dizem cristãs.[9] De um ponto de vista puramente estatístico, os cristãos americanos sozinhos têm os recursos necessários para hospedar os órfãos do mundo todo.

Claro, muitas pessoas não estão em condição de fazer isso. São idosas, estão enfermas, desempregadas ou simplesmente não se sentem prontas para a adoção. Mas e se uma pequena porcentagem delas se dispusesse a adotar órfãos? Hummm, digamos 6%. Nesse caso, poderíamos oferecer lares acolhedores para mais de 14,1 milhões de crianças da África subsaariana que ficaram órfãs pela epidemia de AIDS.[10] Entre as causas nobres da igreja, como esta seria vista? "Cristãos americanos lutam pelos órfãos da AIDS." Essa manchete não seria bem-vinda?

Não pretendo simplificar demais essas questões tão complicadas. Não podemos simplesmente estalar os dedos e esperar que os grãos escoem através das fronteiras ou que os governos permitam adoções por estrangeiros. As políticas paralisam o melhor dos esforços. As relações internacionais são tensas. Os funcionários corruptos atrapalham os sistemas. Sei disso.

Mas uma coisa é clara: os silos estão abarrotados. O problema não está no fornecimento, mas, sim, na distribuição. Deus deu a esta geração, *a nossa geração*, tudo o que é necessário para alterar o curso do sofrimento humano.

Alguns anos atrás, três perguntas chacoalharam meu mundo. Elas vieram de pessoas diferentes no curto espaço de um mês. A primeira pergunta foi: se você fosse um cristão alemão durante a Segunda Guerra Mundial, teria se posicionado contra Hitler? A segunda foi: se vivesse no sul dos Estados Unidos durante o conflito pelos direitos civis, você teria se posicionado contra o racismo? E finalmente a terceira: quando seus netos descobrirem que você viveu em um tempo em que 1,75 bilhão de pessoas eram pobres e 1 bilhão passava fome, como irão julgar sua reação?

Não me preocupei com as duas primeiras perguntas, pois eram hipotéticas. Gosto de pensar que eu teria me posicionado contra Hitler e lutado contra o racismo. Mas esses dias já passaram e as escolhas não foram minhas. A terceira pergunta, porém, me tirou o sono. Eu vivo o hoje, assim como você. A nós foi dada uma escolha, a oportunidade de fazer uma diferença enorme durante um tempo difícil. E se fizéssemos de fato diferença? E se chacoalhássemos o mundo com esperança? Se infiltrássemos o amor e a vida de Deus em todos os cantos do mundo? E se seguíssemos o exemplo da igreja de Jerusalém? Esse grupo minúsculo se expandiu em uma força para mudar o mundo. Como fizeram isso? O que podemos aprender com as suas prioridades e paixões?

Vamos refletir sobre as histórias dessas pessoas, encontradas nos primeiros doze capítulos de Atos. Vamos examinar cada acontecimento pelas lentes desta oração: *Faça de novo, Jesus. Faça de novo*. Afinal, "foi Deus quem nos fez o que somos agora; em nossa união com Cristo Jesus, ele nos criou para que fizéssemos as boas obras que ele já havia preparado para nós" (Efésios 2:10, NTLH). Fomos criados por um Deus grande para fazer boas obras. Ele nos convida a fazer a vida valer a pena, não só no céu, mas aqui na terra.

Eis as minhas palavras de saudação para uma vida longa: bondade que sobreviva à sepultura, amor que sobreviva ao suspiro final. Que você viva de maneira tal que sua morte seja apenas o começo da sua vida.

Na verdade, Davi, no seu tempo, cumpriu os planos de Deus. Depois morreu, foi sepultado ao lado dos seus antepassados e apodreceu na sepultura.

(Atos 13:36, NTLH)

Que oportunidade maravilhosa o Senhor colocou diante de mim: uma chance de fazer a diferença em um mundo desesperadamente ferido. Ajude-me a ver os necessitados que o Senhor quer que eu veja, a reagir de maneira que o honre e a abençoar os outros ao servi-los de boa vontade com expressões práticas do seu amor. Ajude-me a ser as mãos e os pés de Jesus, e por seu Espírito dê-me a força e a sabedoria necessárias para que eu cumpra seu plano para mim em minha própria geração. Em nome de Jesus eu oro, amém.

Capítulo 2

Chamando João-Ninguém

[Vocês] serão minhas testemunhas em Jerusalém, em toda a Judeia e Samaria, e até os confins da terra.

Atos 1:8

À PRIMEIRA VISTA, não parecem grande coisa. Ninguém jamais os acusou de serem superqualificados. De serem desajeitados, sim. De serem obstinados e de se esquecerem de algumas coisas, também. Mas chamá-los embaixadores? De líderes vanguardistas? De arautos da esperança?

Não exatamente.

O alto no canto: aquele é Pedro. A Galileia intensificou seu sotaque. As redes de pesca engrossaram suas mãos. A obstinação adensou seu cérebro. Suas maiores conquistas na vida até agora se relacionaram a nadadeiras e guelras. Estranho. O camarada que se levantou para conduzir a próxima grande obra de Deus sabe mais sobre peixes e barcos do que sobre cultura romana ou líderes egípcios.

E seus companheiros: André, Tiago, Bartolomeu. Nunca viajaram além de uma semana de caminhada de casa. Não estudaram os costumes da Ásia nem a cultura da Grécia. O passaporte deles não está gasto; o estilo deles não é sofisticado. Eles frequentaram a escola?

Na prática, o que os distingue? Humildade? Usaram de todos os meios para chegar a posições importantes.

Conhecem teologia? Pedro disse a Jesus para esquecer-se da cruz. Sensibilidade? João quis pôr fogo nos gentios. Lealdade? Quando Jesus precisou de orações, eles cochilaram. Quando Jesus foi preso, correram. Graças à covardia deles, Cristo teve mais inimigos do que amigos na sua execução.

Olhe para eles seis semanas após a morte de Jesus, apinhados no segundo andar de uma casa em Jerusalém, alvoroçados como se tivessem ganhado entradas para as finais da Copa do Mundo. Felizes, mas ainda surpresos. Imaginando o que, afinal, Jesus tinha em mente com sua incumbência última: "[Vocês] serão minhas testemunhas em Jerusalém, em toda a Judeia e Samaria, e até os confins da terra" (Atos 1:8).

Vocês, homens do campo, serão minhas testemunhas.

Vocês, pessoas incultas e simplórias, serão minhas testemunhas.

Vocês, que uma vez me chamaram de louco, que gritaram comigo no barco e que duvidaram de mim no cenáculo.

Vocês, temperamentais, meros lançadores de redes e coletores de impostos.

Vocês serão minhas testemunhas.

Vocês irão liderar um movimento que explodirá como um hidrante recém-aberto de Jerusalém até os confins da terra: nas ruas de Paris, nos distritos de Roma, nos portos de Atenas, Istambul, Xangai e Buenos Aires. Vocês farão parte de algo tão poderoso, controverso e vertiginoso que daqui a dois milênios um autor de meia-idade, sentado na fila da saída de emergência de um voo de Boston para Dallas, escreverá esta pergunta em seu *laptop*:

Jesus ainda faz isso?

Ele ainda usa gente simples como nós para mudar o mundo? Sofremos com tal mediocridade. O vizinho da direita cochila de boca aberta. A senhora grisalha perto dele usa fones de ouvido e chacoalha a cabeça de um lado para outro. (Acho que ouço Frank Sinatra.) Eles não têm auréolas nem asas. E, excetuando-se o reflexo da calvície do homem, não emitem luz.

A maioria não. Somos joões-ninguém. Gente comum. Sentamos na arquibancada, jantamos, trocamos fraldas e vestimos a camisa do nosso time favorito. Os fãs não acenam quando passamos. Os serviçais não correm quando chegamos em casa. Choferes não dirigem nossos carros; mordomos não abrem portas nem preparam nosso banho. O porteiro não nos recebe e os seguranças não nos protegem. Somos, como os discípulos de Jerusalém, gente comum.

Deus usa o João-Ninguém?

Edith diria que sim.

Edith Hayes tinha um cabelo branco ralo aos 80 anos, em um corpo magro de um metro e meio, e uma compaixão insaciável pelos pacientes de câncer do sul da Flórida. Eu tinha acabado de sair do seminário em 1979 e estava sentado em um escritório repleto de livros desempacotados quando ela entrou e se apresentou:

— Meu nome é Edith e ajudo pacientes de câncer. — Ela estendeu a mão. Eu ofereci uma cadeira, da qual ela declinou delicadamente.

— Estou com pressa. Você verá minha equipe aqui na igreja todas as terças-feiras pela manhã. Você será bem-vindo aqui, mas, se vier, nós o poremos para trabalhar.

Sua equipe, como vim a saber, era composta de umas cem mulheres de cabelos grisalhos que se ocupavam do cuidado nem um pouco glamuroso de ulcerações purulentas. Elas faziam das feridas de câncer sua missão, costurando juntas toneladas de curativos absorventes toda terça-feira, para depois entregá-los aos pacientes no decorrer da semana.

Edith alugava um apartamento em um beco, vivia da pensão do marido falecido, usava óculos cujas lentes aumentavam suas pupilas e se esquivava dos aplausos como se fossem fogo de artilharia. Ela teria combinado bem com Pedro e sua gangue.

Joe e Liz Page também se enquadrariam nesse grupo. O batalhão deles tinha um objetivo diferente: roupas para bebês prematuros. Transformaram uma das salas da nossa igreja em uma fábrica com costureiras voluntárias. Nunca me ocorrera a necessidade de um guarda-roupa para bebês do tamanho de bonecas, mesmo porque meus filhos não nasceram pesando pouco mais de um quilo. Joe e Liz garantem que tais bebês tenham algo para vestir, mesmo que seja para o próprio enterro.

Joe é aposentado do serviço militar. Liz já dera aulas. Ele tem problemas cardíacos. Ela tem deformidades no pé. Mas ambos têm uma chama no coração pelas crianças mais necessitadas.

O mesmo ocorre com Caleb. Aos 9 anos, ele joga basquete, se esquiva das garotas e quer que as crianças de El Salvador tenham água limpa para beber. Durante uma aula na escola dominical, o professor contou sobre a realidade de vida na paupérrima América Central. Por falta de água limpa para beber, todos os dias crianças morrem de doenças evitáveis. Caleb ficou chocado e entrou em ação. Pegou os vinte dólares que economizara para um videogame novo, doou-os para a causa e pediu que o pai fizesse o mesmo. Depois, Caleb desafiou toda a equipe do ministério infantil de sua igreja a seguir o seu exemplo. O resultado? Dinheiro suficiente para cavar dois poços em El Salvador.

Edith, Joe, Liz e Caleb são gente comum. Não levitam quando andam nem veem anjos quando oram. Não têm assento na ONU nem solução para o sofrimento em Darfur. Mas abraçam esta convicção: Deus não chama os qualificados. Ele qualifica os chamados. Não deixe Satanás convencê-lo do contrário. Ele tentará. Ele lhe dirá que Deus exige um QI ou uma taxa de entrada. Dirá que ele emprega apenas especialistas e peritos, governos e personalidades muito poderosas. Quando Satanás sussurrar tais mentiras, dispense-o com esta verdade: Deus debandou a sociedade do século I com jumentos de lombos arqueados, não com puros-sangues. Antes de Jesus vir, os discípulos eram caminhoneiros, varredores de rua e vendedores de picolés na praia. Usavam uniformes de operários e suas mãos eram calejadas, e não há nenhuma evidência de que Jesus os tenha escolhido porque fossem mais inteligentes ou mais bonitos do que o indivíduo ao lado. A única coisa que tiveram a seu favor foi a disposição de dar um passo quando Jesus disse: "Siga-me".

Você está mais para barquinho do que para navio de cruzeiro? Mais para figurante do que para estrela de cinema? Mais para encanador do que para executivo? Mais para macacão azul do que para sangue azul? Parabéns. Deus muda o mundo com gente como você.

Basta perguntar para as 22 pessoas que viajaram para Londres em uma manhã de outono de 2009 para agradecer a Nicholas Winton. Elas poderiam ter passado por um grupo de idosos de algum asilo fazendo turismo. Todos tinham 70 ou 80 anos. Muitos com cabelos grisalhos e passos mais atrapalhados do que lépidos.

Mas não era uma viagem de turismo. Era uma jornada de agradecimento. Vieram para agradecer o homem que salvou a vida deles: um centenário recurvado que os recebeu em uma plataforma de trem, assim como o fizera em 1939.

Na época, ele tinha 29 anos e era corretor na bolsa de valores. As tropas de Hitler devastavam a Tchecoslováquia, separando as famílias judias e encaminhando os pais para os campos de concentração. Ninguém estava cuidando das crianças. Winton tomou conhecimento desse problema e resolveu ajudá-las. Aproveitou as férias e viajou para Praga, onde encontrou pais que, por incrível que pareça, estavam dispostos a confiar o futuro dos filhos a seus cuidados. Após retornar à Inglaterra, Winton trabalhou em seu emprego na bolsa durante o dia e intercedeu pelas crianças à noite. Ele convenceu a Grã-Bretanha a permitir a entrada delas. Encontrou lares para a adoção e angariou fundos. Depois, programou o primeiro transporte para 14 de março de 1939, e realizou outros sete no decorrer dos cinco meses seguintes. O último comboio chegou em 2 de agosto, perfazendo o total de 669 crianças resgatadas.

Em 1º de setembro, aconteceu o maior transporte de todos, mas Hitler invadiu a Polônia e a Alemanha fechou suas fronteiras para a Europa. Nenhuma das 250 crianças daquele trem jamais foi vista novamente.

Passada a guerra, Winton não contou a ninguém sobre seus esforços de resgate, nem à própria mulher. Em 1988, ela encontrou um álbum no sótão com fotos de todas as crianças e uma lista completa de nomes. E o incentivou a contar a história. Quando ele contou, as crianças resgatadas voltaram para agradecer. O grupo resgatado inclui um diretor de cinema, um jornalista canadense, um correspondente de notícias, um ex-ministro do gabinete britânico, um executivo do ramo de revistas e um dos fundadores da Força Aérea de Israel. São umas sete mil pessoas, entre filhos, netos e bisnetos, que devem sua existência à bravura de Winton. Ele usa um anel que lhe foi dado por alguma das crianças que salvou. Tem um verso do Talmud, o livro da lei judaica, que diz: "Salve uma vida. Salve o mundo".[1]

Mais uma pra botar na conta de sujeitos comuns.

Irmãos, pensem no que vocês eram quando foram chamados. Poucos eram sábios segundo os padrões humanos; poucos eram poderosos; poucos eram de nobre nascimento. Mas Deus escolheu as coisas loucas do mundo para envergonhar os sábios, e escolheu as coisas fracas do mundo para envergonhar as fortes.

(1 Coríntios 1:26,27)

Pai amado, o Senhor me fez e sabe muito bem que não sou nada além de pó. Apesar disso, me chamou para o seu reino, para servi-lo neste lugar específico, neste tempo específico, com um propósito muito específico. Apesar da minha mediocridade, eu pertenço ao Senhor, que é tudo, menos medíocre! Ajude-me a espalhar sua graça e sua compaixão sobre os outros para que eles também possam experimentar a riqueza do seu amor. Através de mim, Pai, mostre aos outros como o Senhor pode usar uma vida comum para trazer bênçãos extraordinárias ao mundo. Em nome de Jesus eu oro, amém.

Capítulo 3

Deixe Deus tirá-lo da sua concha

Nós os ouvimos declarar as maravilhas de
Deus em nossa própria língua!

Atos 2:11

Posso lhe mostrar a minha concha nova? Acabou de chegar. A velha estava gasta demais. Você sabe como elas ficam gastas. Finas como as paredes de um motel barato. A minha estava tão lascada que eu consiga ver perfeitamente através dela. E o barulho? Ela já não conseguia nem bloquear o som de um chorinho de bebê.

Então, comprei este modelo novo. Remessa especial. Feita sob medida. *Top* de linha. Posso ficar de pé dentro dela. Sentar dentro dela. Dormir, se quiser. Vá em frente, dê uma olhada. Está vendo a prateleira que levanta e abaixa à esquerda? Porta-copo! Experimente os fones de ouvido. Como se o isolamento da concha não fosse suficiente, posso aumentar a música e desligar o mundo. Tudo o que preciso fazer é entrar, puxar a maçaneta ali em cima e fechar.

Melhor que armadura, grossa como um tanque de guerra. Pense nela como um *bunker* para a alma. Nela, o mundo não tem famintos nem órfãos. E pobreza? Esta concha vem de fábrica revestida com um filtro para a tristeza. Racismo? Injustiça? Ricocheteiam na minha concha como a chuva no casco da tartaruga.

Vou lhe contar como essa proteção é boa. Hoje de manhã, fui a uma loja de conveniência tomar um café e comprar jornal. Estava esperando na fila do caixa, pensando com meus botões, quando reparei que o colega da frente estava pagando com cupons de auxílio-alimentação.[1] Ele usava um boné de beisebol, uma bermuda cargo e chinelos, e tinha três crianças ao redor dos joelhos. Perto o suficiente para detectar seu sotaque pesado, classifiquei-o como imigrante. Geralmente, consigo dar uma risadinha falsa e deixar essas pessoas de lado tão rapidamente quanto você consegue dizer: "Um fardo para a sociedade". Mas essa família começou a mexer comigo. As menininhas eram um doce, com a pele da cor de leite achocolatado e olhos amendoados. Uma delas sorriu para mim. Antes que eu pudesse reagir, sorri para ela.

Nessa hora, o caixa balançou a cabeça e devolveu os cupons. Aparentemente o valor não era suficiente para pagar a compra. O pai lhe dirigiu um olhar perplexo. Foi quando a coisa me atingiu. *Eu posso ajudá-lo*. Mal sabia eu que uma nuvem de bondade em vapor tinha invadido a loja. Meu corpo começou a reagir. Um nó se formou na minha garganta. Uma lagoa de lágrimas no canto dos olhos. Comecei a experimentar uma sensação no peito: *cordis gelatinosus*, mais conhecido como coração mole.

Então, vieram os reflexos involuntários. A mão esquerda se ergueu indicando minha disposição. A outra revolveu meu bolso em busca de dinheiro. E aí eu caí em mim e percebi o que estava acontecendo. Eu estava tendo um ataque de compaixão. Imediatamente ergui a tampa da minha concha e me enfiei dentro. Reparei que outros clientes já tinham se protegido. Escapei por pouco. O que faríamos sem as nossas conchas?

Não sei o que faria sem a minha. Quando os noticiários descrevem os refugiados afegãos, é para a minha concha que eu vou. Quando um mendigo aparece com um cartaz de papelão, eu simplesmente fecho a tampa. Quando os missionários relatam as multidões de almas perdidas e solitárias, me enfio nela. Nossa, justamente na semana passada, alguém me contou sobre regiões do planeta que não têm água limpa. Sem a minha concha para me proteger, quem sabe o que eu teria feito? Eu podia ter feito um cheque!

Esse é um escudo perfeito. Você provavelmente tem o seu. A maioria das pessoas aprendeu a se isolar da dor do doente. Não aprendemos? Não *tivemos* de aprender? Afinal, o que podemos fazer em relação à fome no Sudão, ao problema do desemprego ou a uma pandemia de malária?

Conchas. Nós as ganhamos honestamente. Não pretendemos fugir do mundo nem enfiar a cabeça em um buraco. Queremos ajudar. Mas os problemas são imensos (Você disse um bilhão de pobres?), complexos (Quando a ajuda acaba machucando?) e intensos (Já tenho problemas suficientes.).

É verdade. Nós temos nossos próprios problemas. Casamentos em frangalhos, ambições efêmeras, contas bancárias em declínio e corações inflexíveis. Como podemos mudar o mundo se não conseguimos nem mudar nossos maus hábitos? Não temos o que é preciso para resolver esses problemas. Melhor nos enfiarmos na concha e fecharmos a tampa, certo?

Você teria tido tempos difíceis vendendo essa estratégia para a igreja de Jerusalém. Sobretudo depois que Deus tirou a concha deles no dia de Pentecoste.

O Pentecoste era o dia mais atarefado do ano em Jerusalém, um dos três dias de festa em que todos os homens judeus, em algum momento da vida, eram convocados a comparecer na cidade. Eles vinham da Europa, da Ásia e da África. É difícil saber a população das cidades de antigamente, mas alguns sugerem que durante essa temporada a população de Jerusalém pulava de 100 mil para 1 milhão de habitantes.[1] As ruas estreitas ficavam apinhadas de pessoas de todas as tonalidades de pele, do ébano dos etíopes à cor de oliva dos romanos. Uma dúzia de dialetos ricocheteava pelos muros de pedra, e o tesouro do templo transbordava de moedas e notas.

Depois, havia os habitantes locais. O açougueiro e sua carne. O cardador de lã e seu tear. O sapateiro martelando as sandálias. O alfaiate manejando a agulha. Sacerdotes com túnicas brancas e mendigos vestidos de trapos. Todos os elementos da humanidade se comprimiam nos 120 hectares da cidade de Davi.[2]

E, em algum lugar em meio a tudo isso, os seguidores de Jesus estavam reunidos em oração. "Chegando o dia de Pentecoste, estavam todos reunidos num só lugar" (Atos 2:1). Esta é a apresentação inicial da igreja. Considere o local onde Deus colocou suas pessoas. Não isoladas em um deserto nem aquarteladas em um *bunker*. Não separadas da sociedade, mas diretamente no centro dela, no coração de uma das maiores cidades em seu dia mais atarefado. E então, uma vez que ele os tinha onde precisava deles...

De repente veio do céu um som, como de um vento muito forte, e encheu toda a casa na qual estavam assentados. E viram o que parecia línguas de fogo, que se separaram e pousaram sobre cada um deles. Todos ficaram cheios do Espírito Santo e começaram a falar noutras línguas, conforme o Espírito os capacitava (Atos 2:2-4).

O Espírito Santo pousou sobre eles *de repente*. Não como o esperado, como o previsto ou como de costume, mas de repente. Bem-vindo ao mundo de Atos e ao "repentino" Espírito de Deus, soberano e livre, nunca subordinado ao momento certo ou ao processo operacional. Ele cria sua própria agenda, determina seu próprio calendário e cumpre seu próprio horário.

Fogo e vento agora. Casa sacudindo depois. Visitando os samaritanos após o batismo com água. Caindo sobre os gentios em face do batismo com água. E aqui, rugindo como um tornado por Jerusalém. "[O som] encheu toda a casa" (Atos 2:2) e se espalhou pelas ruas. O som sibilante, impetuoso e explosivo de um vento.

O Espírito veio primeiro como vento, depois parecendo como línguas de fogo, que "pousaram sobre cada um deles" (Atos 2:3). Não era uma tocha sobre a sala inteira, mas línguas de fogo pairando sobre cada pessoa.

E então a coisa mais inesperada aconteceu.

[Eles] começaram a falar noutras línguas, conforme o Espírito os capacitava.

Havia em Jerusalém judeus, tementes a Deus, vindos de todas as nações do mundo. Ouvindo-se o som, ajuntou-se uma multidão que ficou perplexa, pois cada um os ouvia falar em sua própria língua. Atônitos e maravilhados, eles perguntavam: "Acaso não são galileus todos estes homens que estão falando? Então, como os ouvimos, cada um de nós, em nossa própria língua materna? Partos, medos e elamitas; habitantes da Mesopotâmia, Judeia e Capadócia, do Ponto e da província da Ásia, Frígia e Panfília, Egito e das partes da Líbia próximas a Cirene; visitantes vindos de Roma, tanto judeus como convertidos ao judaísmo; cretenses e árabes. Nós os ouvimos declarar as maravilhas de Deus em nossa própria língua!" Atônitos e perplexos, todos perguntavam uns aos outros: "Que significa isto?" (Atos 2:4-12)

Considerado como um fenômeno. Imagine um centro cosmopolita como a cidade de Nova York. A Quinta Avenida cheia de homens de negócios, trabalhadores e turistas de todas as partes do mundo. De manhã cedo, enquanto a multidão pulsa rumo ao trabalho, o som de um vento abala o bulevar. O rugido é tão vigoroso e robusto que as pessoas interrompem de repente suas trajetórias como se esperassem ver um trem em chamas descendo a avenida. Os motoristas de táxis e de ônibus freiam. O silêncio cai sobre a cidade para ser interrompido apenas pelas vozes de um grupo reunido no Central Park. Cento e vinte pessoas falando, cada uma debaixo de uma labareda diferente, cada uma proclamando a bondade de Deus em uma língua diferente. As testemunhas ouvem em sua língua natal. José, da Espanha, ouve sobre a misericórdia de Deus em espanhol. Mako, do Japão, ouve uma mensagem em japonês. O grupo das Filipinas entende o que é dito em tagalo. Eles ouvem diferentes línguas, mas uma só mensagem: as maravilhas de Deus.

Ah, como eu queria ter presenciado esse momento em Jerusalém! André descrevendo a graça de Deus em egípcio. Tomé explicando o amor de Deus aos romanos. Bartolomeu citando o salmo 23 aos cretenses. João relatando a história da ressurreição aos capadócios.

Entre o povo, alguns foram sarcásticos, acusando os discípulos de embriaguez já nas primeiras horas da manhã. Mas outros ficaram atônitos e perguntaram: "Que significa isto?" (Atos 2:12).

Boa pergunta. Cidade abarrotada. Seguidores devotos. Vento soprando e fogo caindo. Quinze nações representadas em uma assembleia. Discípulos falando como os experientes tradutores das Nações Unidas. O que significa?

No mínimo isto: Deus ama as nações. Ele ama os iraquianos. Os somalis. Os israelenses. Os neozelandeses. Os hondurenhos. Ele tem uma paixão incandescente por recolher seus filhos de cada selva, bairro, vila e cortiço. "*Toda a terra* se encherá da glória do Senhor" (Números 14:21, ARA). Durante os dias de Josué, Deus trouxe seu povo para Canaã "para que *todos os povos da terra* saibam que a mão do Senhor é poderosa" (Josué 4:24). Davi nos ordenou: "Cantem ao Senhor, *todos os habitantes da terra*! [...] Anunciem a sua glória entre as nações, seus feitos maravilhosos entre *todos os povos*!" (Salmo 96:1,3). Deus nos falou por intermédio de Isaías: "Farei de você uma luz para os gentios, para que você leve a minha salvação até os *confins da terra*" (Isaías 49:6). Sua visão para o fim da história inclui "homens de *toda* tribo, língua, povo e nação" (Apocalipse 5:9).

Deus anseia proclamar sua grandeza em todas as 6.909 línguas que existem hoje no mundo.[3] Ele ama as subculturas: os ciganos da Turquia, os *hippies* da Califórnia, os caubóis e os trabalhadores rurais dos confins do Texas. Ele tem compaixão para com ciclistas e pedestres, ambientalistas e acadêmicos. Mães solteiras. Executivos de terno. Ele ama todos os grupos de pessoas e as equipa para serem a sua voz. Ele comissiona galileus, nebraskianos, brasileiros e coreanos comuns a falar as línguas das pessoas do mundo. Ele nos ensina o vocabulário de terras distantes, o dialeto de vizinhos desanimados, o vernáculo do coração desolado e o idioma do jovem estudante. Deus dota seus seguidores para cruzar as culturas e tocar os corações.

O Pentecoste faz esta promessa: se você estiver em Cristo, o Espírito de Deus falará por seu intermédio.

Deixe Deus tirar você da sua concha. E, quando ele o fizer, "examine os próprios atos, e então poderá orgulhar-se de si mesmo" (Gálatas 6:4). Não perca a oportunidade de descobrir a sua língua.

Com quem você se sente mais fluente? Adolescentes? Viciados em drogas? Com idosos? Você pode ser tímido com crianças, mas eloquente com executivos. Foi dessa forma que Deus planejou você. "Portanto, usemos os nossos diferentes dons de acordo com a graça que Deus nos deu" (Romanos 12:6, NTLH).

Por quem você sente mais compaixão? Deus não nos dá fardos iguais.[4] "O Senhor Deus olha do céu e vê toda a humanidade. [...] *É Deus quem forma a mente deles* e quem sabe tudo o que fazem" (Salmo 33:13,15, NTLH). Em que situação o seu coração aperta e bate apressado? Quando você identifica um desabrigado? Quando percorre as ruas da periferia? Ou quando vê as vítimas do tráfico sexual no Camboja? Essa foi a tragédia que partiu o coração de três mulheres americanas.

Ernstena é mulher de pastor. Clara é uma mulher de negócios. Jo Anne tinha acabado de iniciar uma pequena organização de ajuda humanitária. Elas viajaram ao Camboja para incentivar Jim-Lo, um amigo missionário. Ele as levou a uma parte da cidade onde o tráfico sexual corre solto. Umas quinze mil garotas aproximadamente estavam à venda. Até aquele momento, mais de cem mil jovens do Camboja tinham sido vendidas como escravas sexuais. Jo Anne, Clara, Ernstena e Jim-Lo olharam no rosto de adolescentes, e até mesmo pré-adolescentes, e puderam ver uma história devastadora em todos. Eles começaram a tirar fotos até que os vendedores ameaçaram tomar as câmeras. Os cristãos não tinham ideia do que fazer a não ser orar.

A avenida cheia de sementes se transformou no cenáculo deles. *Senhor, o que você quer que façamos? Isso é devastador demais*. Eles choraram.

Deus ouviu suas orações e lhes deu instrumentos. Ao retornar aos Estados Unidos, Jo Anne escreveu um artigo sobre a experiência, o qual levou um leitor a doar uma grande quantia em dinheiro. Com esse presente, as mulheres constituíram um ministério antitráfico junto a uma ONG internacional[1] e ofereceram abrigo para as jovens que foram resgatadas ou que escaparam de bordéis e pontos de venda. Em apenas três anos, quatrocentas crianças, entre 2 e 15 anos, foram resgatadas.

Quando patrocinou um evento chamado "The Salute to the 21st Century Abolitionists" [Saudação aos abolicionistas do século XXI], o Departamento de Estado americano homenageou aquela ONG. Até pediram para uma das mulheres oferecer uma oração. A oração que começou em uma rua do Camboja continuou na presença de alguns dos mais influentes funcionários públicos do mundÉ maravilhoso o que acontece quando saímos da nossa concha.

[Deus] nos auxilia em todas as nossas aflições para podermos ajudar os que têm as mesmas aflições que nós temos. E nós damos aos outros a mesma ajuda que recebemos de Deus.

(2 Coríntios 1:4, NTLH)

Pai gracioso, sou profundamente grato ao Senhor por tomar a iniciativa de me estender a mão, apesar do meu pecado e do meu egoísmo, para me trazer a seu reino eterno, realizando a obra de Cristo. Não posso compreender tamanho amor! Ainda assim, Pai, admito que muitas vezes tento me apropriar da sua graça, erguendo paredes que poderiam me manter protegido e abençoado. Confesso que sou como o marisco que se fecha em sua concha, com medo das ameaças externas. Senhor, reconheço seu convite para arrancar minha concha e participar contigo em sua missão de amor. Tire-me da minha concha, Senhor, para que eu também possa estender a mão a esse mundo desolado, desanimado e sem esperança. Em nome de Jesus eu oro, amém.

Capítulo 4

Não esqueça o pão

[...] Para que os seus pecados sejam perdoados,
e vocês receberão de Deus o Espírito Santo.
Pois essa promessa é para vocês.

Atos 2:38,39 (NTLH)

DENALYN LIGOU QUANDO eu estava indo para casa um dia desses.

— Você pode parar no mercado e comprar pão?

— Claro.

— Preciso lhe dizer onde encontrá-lo?

— Você está brincando? Nasci com um sistema de rastreamento de prateleiras de pão.

— Basta se concentrar, Max.

Ela estava nervosa. Com razão. Eu sou um terror no supermercado. Uma vez, minha mãe me mandou comprar pão e queijo; eu trouxe pão de queijo. Eu confundo o tubo de creme de barbear com o de creme dental. Eu achava que a prateleira "Express" era um lugar para expressar a sua opinião. Sou membro fundador do Esquadrão dos Maridos Patetas em Compras. Identifico-me com aquele camarada que chegou em casa trazendo uma caixa de ovos, dois pacotes de farinha, três caixas de mistura para bolo, quatro pacotes de açúcar e cinco latas de cobertura para bolo. A mulher dele olhou as sacolas do supermercado e se lamentou:

— Eu não devia ter numerado a lista...

Assim, sabendo que Denalyn estava contando comigo, estacionei o carro no mercado e entrei porta adentro. No caminho da prateleira de pão, parei no meu cereal favorito e peguei uma caixa, o que me fez pensar se precisávamos de leite. Peguei logo uma embalagem de quatro litros na seção de laticínios. O leite frio me suscitou imagens de um dos maiores presentes de Deus para a humanidade: biscoitos Oreo. O banquete celestial consistirá de mesas e mesas de biscoitos Oreo e leite. Passaremos a eternidade mergulhando os biscoitos no leite e mastigando ruidosamente até... Bom, chega disso.

Peguei um pacote de biscoitos, que passou a ocupar o mesmo corredor das batatas *chips* sabor churrasco. Que mundo maravilhoso é este: biscoitos e batatas *chips* sob o mesmo teto! A caminho do caixa, parei na seção de sorvetes. Em poucos minutos tinha enchido o cesto com todos os itens essenciais para uma vida feliz e realizada. Paguei e fui para casa.

Denalyn olhou as compras e depois olhou para mim. Você consegue adivinhar o que ela perguntou? Todos juntos agora:

— Cadê o pão?

Voltei ao mercado.

Esqueci o item principal. A única coisa que tinha ido comprar. O único produto essencial. Esqueci o pão.

Poderíamos cometer o mesmo erro em uma esfera mais crítica? Em um esforço para fazer o bem, podemos acabar nos distraindo. Nós alimentamos as pessoas. Nós incentivamos, curamos, ajudamos e servimos. Discursamos sobre questões raciais e pobreza. Mas ainda há um dever que temos de cumprir. Não podemos esquecer o pão.

Pedro não esqueceu.

Homens de Israel, escutem o que eu vou dizer. Deus mostrou a vocês que Jesus de Nazaré era um homem aprovado por ele. Pois, por meio de Jesus, Deus fez milagres, maravilhas e coisas extraordinárias no meio de vocês, como vocês sabem muito bem. Deus, por sua própria vontade e sabedoria, já havia resolvido que Jesus seria entregue nas mãos de vocês. E vocês mesmos o mataram por mãos de homens maus, que o crucificaram. Mas Deus ressuscitou Jesus, livrando-o do poder da morte, porque não era possível que a morte o dominasse (Atos 2:22-24, NTLH).

Pedro estava respondendo à pergunta das pessoas: "Que significa isto?" (Atos 2:12). O som do vento soprando, as imagens do fogo, a repentina habilidade linguística dos discípulos... O que poderiam significar esses eventos? Ele se levantou na praça cheia de gente e prosseguiu apresentando Jesus à multidão. Certamente os jerosolimitas tinham ouvido falar de Jesus. Ele fora o sujeito de um julgamento e de uma execução que virou notícia sete semanas antes. Mas aquelas pessoas *conheciam* Jesus? Em rápida sucessão, Pedro discorreu sobre o aval de Deus para com Cristo.

1. "Por meio de Jesus, Deus fez milagres, maravilhas e coisas extraordinárias no meio de vocês" (Atos 2:22, NTLH).

   Os milagres de Jesus eram a prova de sua divindade. Quando ele curou corpos doentes e alimentou barrigas famintas, quando ele deu ordem às ondas tão casualmente quanto um general de quatro estrelas se dirige a um soldado, quando ele chamou à vida o corpo morto de Lázaro e restituiu a visão aos olhos do cego, esses milagres eram o aval de Deus. Deus deu a Jesus seu carimbo de aprovação.

2. Então Deus o entregou à morte. "[Deus] já havia resolvido que Jesus seria entregue nas mãos de vocês. E vocês mesmos o mataram por mãos de homens maus, que o crucificaram" (Atos 2:23, NTLH).

   Deus considerou Cristo merecedor de sua missão mais importante: servir como um sacrifício pela humanidade. Ninguém mais poderia fazer isso. Como um pecador poderia morrer pelos pecadores? Impossível. O Cordeiro de Deus tinha de ser perfeito, sem manchas e sem pecados. Quando os romanos pregaram Jesus na cruz, Deus o estava escolhendo como o único ser sem pecado que já esteve na face da terra, a única pessoa qualificada a levar "em seu corpo os nossos pecados" (1 Pedro 2:24). A cruz, um instrumento de humilhação, foi, na verdade, um distintivo de honra, um distintivo concedido uma única vez, para um único homem, Jesus de Nazaré. Mas Deus não deixou Jesus na tumba.

3. "Deus ressuscitou Jesus, livrando-o do poder da morte, porque não era possível que a morte o dominasse" (Atos 2:24, NTLH).

   No fundo do sepulcro escuro de José de Arimateia, atrás da rocha protegida e lacrada dos romanos, entre os corpos adormecidos e as sepulturas silenciosas dos judeus, Deus fez sua maior obra. Ele se dirigiu ao cor-

> po morto do seu Filho encarnado. Com os demônios do inferno e os anjos do céu observando, ele ordenou que a Rosa de Sarom erguesse a sua cabeça, que o Leão de Judá mostrasse suas garras, que a Estrela Reluzente da Manhã brilhasse mais intensamente a sua luz, que Alfa e Ômega fossem o começo da vida e o fim da sepultura. "Deus o ressuscitou dos mortos, rompendo os laços da morte, porque era impossível que a morte o retivesse" (Atos 2:24).

Vejo Pedro fazendo uma pausa nesse ponto do sermão. Posso ouvir as palavras ecoando pelas pedras de Jerusalém. "Era impossível que a morte o retivesse... retivesse... retivesse." E, então, por alguns segundos, um silêncio total. Pedro para e busca os rostos, seus olhos negros provocando alguém a desafiar sua asserção. Um sacerdote, um soldado, um cético, alguém, ninguém para questionar suas palavras. "Você é insano, Simão. Venha, deixe-me levar você à tumba de José de Arimateia. Vamos remover a pedra e desembrulhar o corpo em decomposição de Jesus e pôr um fim nesse absurdo de uma vez por todas."

Que oportunidade para alguém destruir o cristianismo em sua infância! Mas ninguém desafiou Pedro. Nenhum fariseu o contestou. Nenhum soldado protestou. Ninguém falou, porque ninguém tinha o corpo. Corria a palavra de que a Palavra já não estava mais ali.

As pessoas começaram a perceber o engano. A gravidade do crime caiu sobre elas como um canto fúnebre. Deus veio ao mundo delas, e elas o mataram. Este foi o golpe do sermão de Pedro:

— *Vocês mataram Deus.* Deus provou... a vocês... Todos vocês sabem disso... E vocês mesmos o mataram por mãos de homens maus. — Vocês. Vocês. Vocês. Em três ocasiões Pedro apontou um dedo verbal, se não físico, para a multidão.

A pergunta do momento mudou. "Que significa isto?" (uma pergunta racional) se transformou em "Que faremos?" (uma pergunta emocional). "Irmãos, que faremos?" (Atos 2:37).

Eles se inclinaram para ouvir a resposta de Pedro. Pois muita coisa estava em jogo. E se ele dissesse: "É tarde demais"? Ou: "Vocês tiveram sua chance"? Ou: "Vocês deveriam ter ouvido da primeira vez"?

Pedro, certamente com os braços estendidos e os olhos marejados, fez este convite:

Arrependam-se, e cada um de vocês seja batizado em nome de Jesus Cristo para que os seus pecados sejam perdoados, e vocês receberão de Deus o Espírito Santo. Pois essa promessa é para vocês, para os seus filhos e para todos os que estão longe, isto é, para todos aqueles que o Senhor, nosso Deus, chamar (Atos 2:38,39, NTLH).

No devido tempo, Pedro falaria sobre a pobreza. Em breve, a igreja discorreria sobre a questão das viúvas, da doença e da intolerância. Mas ainda não. A primeira ordem do primeiro sermão da igreja foi esta: perdão por todos os nossos pecados. Pedro entregou o pão.

Será que posso fazer o mesmo? Antes de virarmos a próxima página da história dos Atos, você consideraria a oferta de Jesus? "Eu sou o pão da vida. Aquele que vem a mim nunca terá fome" (João 6:35).

O processo que vai do grão ao pão exige esforço. A semente precisa ser plantada para poder crescer. Quando o grão está maduro, deve ser cortado e moído para virar farinha. Antes de poder se transformar em pão, ele deve passar pelo forno. O pão é o resultado final do plantio, da colheita e do cozimento.

Jesus experimentou um processo idêntico. Ele nasceu neste mundo. Foi cortado, ferido e açoitado na eira do Calvário. Experimentou o ímpeto da ira de Deus, por nossa causa. "Cristo sofreu pelos pecados uma vez por todas, o justo pelos injustos, para conduzir-nos a Deus" (1 Pedro 3:18).

Pão da Vida? Jesus faz jus ao título. Mas um pão que não é repartido não faz bem a pessoa alguma. Você recebeu o pão? Você recebeu o perdão de Deus?

Nós valorizamos o perdão, certo? Fiquei pensando sobre o perdão em uma tarde dessas enquanto estava em uma estrada no sul do Texas com subidas e curvas, cheia de voltas e ângulos. Conheço-a bem. Agora conheço o guarda rodoviário que a patrulha.

E ele agora me conhece e pediu a minha carteira de habilitação.

— Por que seu nome me parece familiar? Você não é ministro aqui em San Antonio?

— Sim, senhor.

— Você está a caminho de um enterro?

— Não.

— Uma emergência?

— Não.

— Você está indo rápido demais.

— Eu sei.

— Vou lhe dizer o que farei. Vou lhe dar uma segunda chance.

Suspirei. — Obrigado. E agradeço também por me dar a ideia para um sermão sobre perdão.

Deus coloca seus sinais de trânsito em todo lugar que olhamos: no universo, nas Escrituras, até mesmo no nosso coração. Ainda assim persistimos em não prestar atenção em suas orientações. Mas Deus não nos dá o que merecemos. Ele nos embebeu em seu mundo de graça. Mundo que não tem fim, que não conhece limites, que ocupa esta vida e nos capacita a viver a próxima. Deus oferece segundas chances, como uma cozinha comunitária oferece alimento a todos que pedirem.

E isso inclui você. Assegure-se de receber o pão.

E, recebendo, passe-o adiante. Afinal, se não o fizermos, quem o fará? Os governos não alimentam as almas. Os abrigos de assistência seculares podem dar uma cama, alimento e conselhos valiosos. Mas nós podemos dar muito mais. Não só ajuda para esta vida, mas esperança para a próxima.

Arrependam-se, e cada um de vocês seja batizado em nome de Jesus Cristo para que os seus pecados sejam perdoados, e vocês receberão de Deus o Espírito Santo. Pois essa promessa é para vocês, para os seus filhos e para todos os que estão longe, isto é, para todos aqueles que o Senhor, nosso Deus, chamar (Atos 2:38,39, NTLH).

Assim, juntamente com copos de água, pratos de comida e frascos de medicamentos, sejamos aqui a mensagem de pecados perdoados e de morte derrotada.

Lembre-se do pão.

Deus em Cristo estava reconciliando consigo o mundo, não levando em conta os pecados dos homens, e nos confiou a mensagem da reconciliação. Portanto, somos embaixadores de Cristo, como se Deus estivesse fazendo o seu apelo por nosso intermédio. Por amor a Cristo lhes suplicamos: Reconciliem-se com Deus. Deus tornou pecado por nós aquele que não tinha pecado, para que nele nos tornássemos justiça de Deus.

(2 Coríntios 5:19-21)

Meu Salvador e Senhor abençoado, eu o louvo por me dar irrestritamente o Pão da Vida, embora só mereça as migalhas da morte. Em seu amor, o Senhor substituiu a minha escuridão por sua luz, meu medo por sua segurança e meu desespero por sua esperança. Faça-me lembrar todos os dias, Pai, que o Pão da Vida que tenho em Jesus vem a mim por sua graça e por meio do seu amor, e que alegra seu coração generoso quando digo às pessoas onde podem encontrar e partilhar desse mesmo Pão maravilhoso. Torne-me, eu oro, um embaixador sequioso de Jesus Cristo. Transforme meu medo em ousadia, para que as ruas do paraíso possam ficar cheias de homens e mulheres que amam o Salvador, em parte porque primeiro ouviram falar de sua graça e misericórdia por intermédio dos meus lábios. Em nome de Jesus eu oro, amém.

Capítulo 5

Trabalhe em grupo

Os que criam mantinham-se unidos e
tinham tudo em comum.

Atos 2:44

EM 1976, OS TREMORES DE terra devastaram a região montanhosa da Guatemala. Milhares de pessoas morreram e dezenas de milhares ficaram desabrigadas. Um filantropo se ofereceu para patrocinar uma equipe humanitária da nossa faculdade. Havia um cartaz em nosso dormitório que dizia: "Precisa-se de estudantes dispostos a passar o recesso de primavera construindo casas em Quetzaltenango". Eu me ofereci, fui aceito e comecei a frequentar as aulas de orientação.

No total, éramos doze. A maioria estudava para ser ministro. Todos, ao que parecia, amavam discutir teologia. Éramos jovens o suficiente em nossa fé para acreditar que sabíamos todas as respostas, o que contribuiu para discussões acaloradas. Debatemos um punhado de temas controversos. Não consigo me lembrar da lista. Provavelmente incluía os suspeitos de sempre: dons carismáticos, fim dos tempos, estilos de culto e estratégia para as igrejas. Até chegarmos à Guatemala, tínhamos abrangido todas as controvérsias e revelado o nosso verdadeiro caráter. Eu diferenciava os fiéis dos infiéis, os saudáveis dos heréticos. Sabia quem estava dentro e quem estava fora.

Mas tudo isso foi logo esquecido. A destruição do terremoto minimizou as nossas diferenças. Aldeias inteiras tinham sido destruídas. Crianças perambulavam pelos escombros. Filas e filas de feridos esperavam a atenção dos médicos. De repente, as nossas opiniões pareciam insignificantes. O desastre exigia o trabalho em equipe, e o desafio formou essa equipe.

A tarefa transformou rivais em parceiros. Lembro-me de um companheiro em particular. Tínhamos, ele e eu, opiniões claramente diferentes em relação aos estilos de música de louvor. Eu — a mente aberta, o pensador importante — defendia a música contemporânea, dinâmica e de alto-astral. Ele — o enfadonho e retrógrado homem das cavernas — preferia os hinos e os hinários. Mas, enquanto os tijolos das casas eram amontoados, adivinhe quem trabalhava ombro a ombro? E começamos a cantar juntos durante o trabalho. Cantamos músicas novas e antigas, lentas e rápidas. Só mais tarde é que a ironia se aclarou para mim. A nossa preocupação comum nos deu uma música comum.

Esse era o plano de Jesus desde o começo. Nenhum de nós pode fazer o que todos nós podemos fazer. Lembra-se da incumbência aos discípulos? "[Vocês (todos vocês, em grupo)] serão minhas testemunhas" (Atos 1:8). Jesus não distribuiu tarefas individuais. Não pôs um a um em fila e nomeou cada indivíduo.

— Você, Pedro, será minha testemunha...

— Você, João, será minha testemunha...

— Você, Maria Madalena, será minha testemunha...

Ao contrário: "[Vocês (a soma de todos)] serão minhas testemunhas...". Jesus trabalha em comunidade. É por essa razão que você não encontra pronomes pessoais nas primeiras descrições da igreja:

E todos continuavam firmes, seguindo os ensinamentos dos apóstolos, vivendo em amor cristão, partindo o pão juntos [a Ceia do Senhor] e fazendo orações.

Os apóstolos faziam muitos milagres e maravilhas, e por isso todas as pessoas estavam cheias de temor. Todos os que criam estavam juntos e unidos e repartiam uns com os outros o que tinham. Vendiam as suas propriedades e outras coisas e dividiam o dinheiro com todos, de acordo com a necessidade de cada um. Todos os dias, unidos, se reuniam no pátio do Templo. E nas suas casas partiam o pão e participavam das refeições com alegria e humildade (Atos 2:42-46, NTLH).

A descrição contém apenas plurais.

"E *todos* continuavam firmes."

"Partindo o pão *juntos*."

"*Todas* as pessoas estavam cheias de temor."

"*Todos* os que criam estavam juntos [...] e repartiam [...] o que tinham."

"*Vendiam* as *suas* propriedades e outras coisas e dividiam o dinheiro."

"Todos os dias, *unidos*, se *reuniam* no pátio do Templo [...] e *participavam* das refeições."

Não há *eu*, *meu* ou *seu*. Estamos nisso juntos. Somos mais do que seguidores de Cristo, discípulos de Cristo. "Somos membros do seu corpo" (Efésios 5:30). "Ele é a cabeça do corpo, que é a igreja" (Colossenses 1:18). Eu não sou seu corpo; você não é seu corpo. Nós — juntos — somos seu corpo.

Mas seu corpo tem se tornado conhecido por comportar-se mal. O cérebro não leva em conta o coração. (Os acadêmicos não levam em conta os devotos.) As mãos criticam os joelhos. (As pessoas de ação criticam as pessoas de oração.) Os olhos se recusam a associar-se aos pés. (Os pensadores visionários não querem trabalhar com os operários resolutos.)

Um caso claro de rebelião no corpo.

Se o pé disser: "Porque não sou mão, não pertenço ao corpo", nem por isso deixa de fazer parte do corpo. E se o ouvido disser: "Porque não sou olho, não pertenço ao corpo", nem por isso deixa de fazer parte do corpo. Se todo o corpo fosse olho, onde estaria a audição? Se todo o corpo fosse ouvido, onde estaria o olfato? De fato, Deus dispôs cada um dos membros no corpo, segundo a sua vontade (1 Coríntios 12:15-18).

Os primeiros cristãos certamente riram dessas imagens. E se o corpo todo fosse um olho? Se você fosse uma coleção de globos oculares, qual seria sua função? Cinco olhos em sua mão, que também é um olho, anexados ao seu olho do tamanho de um braço, preso a um tronco em forma de olho, do qual se ergue seu pescoço-olho, e... É uma ideia ridícula! Você teria de tomar banho em colírio. Mas, então, você não poderia tomar banho, pois não teria mãos.

"O olho não pode dizer à mão: 'Não preciso de você!'" (1 Coríntios 12:21)

Não podemos dizer: "Não preciso de você". A megaigreja precisa da igreja menor. O liberal precisa do conservador. O pastor precisa do missionário. A cooperação é mais do que uma boa ideia; é uma ordem. "Façam todo o esforço para conservar a unidade do Espírito pelo vínculo da paz" (Efésios 4:3). A unidade importa para Deus. Há "um só rebanho e um só pastor" (João 10:16).

E se o ingrediente que está faltando para mudar o mundo for o trabalho em equipe? "Todas as vezes que dois de vocês que estão na terra pedirem a mesma coisa em oração, isso será feito pelo meu Pai, que está no céu. Porque, onde dois ou três estão juntos em meu nome, eu estou ali com eles" (Mateus 18:19,20, NTLH).

Essa é uma promessa impressionante. Quando os fiéis concordam, Jesus dá notícia, aparece, e ouve as nossas orações.

E quando os fiéis discordam? Será que podemos voltar um instante às minhas lembranças da Guatemala?

Suponha que o nosso grupo tivesse se juntado segundo as opiniões. Tivesse se dividido de acordo com as doutrinas. Se tivéssemos feito da unanimidade um pré-requisito para a parceria, você pode imaginar as consequências? Não teríamos realizado coisa alguma. Quando os obreiros se dividem, o sofrimento é o que mais sofre.

Eles já tinham sofrido o suficiente, não acha? A igreja de Jerusalém encontrou uma maneira de trabalhar unida. Aquelas pessoas encontraram um denominador comum na morte, no sepultamento e na ressurreição de Cristo. E, porque assim o fizeram, muitas vidas foram mudNós, também, ao fazermos o mesmo, teremos nossa vida mudada.

Vamos ajudar mais e mais pessoas, como José Ferreira. Ele dirige uma pequena farmácia em uma favela do Rio de Janeiro. Na verdade, é mais um barraco com balcão e paredes feitas de lata, mas, como vende remédios, exibe o letreiro feito a mão: Farmácia. Ele começou seu estoque com três dólares de patrimônio em medicamentos, que compra de uma farmácia maior no centro da cidade. Assim que vende um remédio, ele fecha a loja, caminha até o ponto de ônibus, viaja uma hora até a farmácia maior e compra mais mercadoria.

Quando chega de volta, já está escuro; então, ele espera até a manhã seguinte e repete o ciclo: abre, vende o produto, fecha a loja e vai comprar mais. Tem dias em que faz isso duas vezes. Considerando que a loja fica fechada tanto quanto fica aberta, dificilmente o dono obtém lucro. Ele e sua família moram nos fundos do barraco e vivem com o equivalente a três dólares por dia. Se a chuva alagar a favela e levar seu barraco, José perderá tudo. Se um de seus filhos pegar dengue, provavelmente ele não terá dinheiro para o remédio. José sabe disso. Mas o que pode fazer? Ele habita o intransponível mundo dos pobres.

Mas enquanto José está batalhando no Rio, Deus está trabalhando em Londres. Um motorista de táxi de bom coração chamado Thomas lê um artigo de uma revista, que descreve em detalhes o fascinante processo das microfinanças. Um sistema de microfinanças concede pequenos empréstimos a pessoas pobres, para que possam aumentar sua renda e diminuir sua vulnerabilidade a circunstâncias imprevistas. Thomas não é rico, mas é abençoado. De bom grado, ele ajudaria um companheiro de negócios do outro lado do mundo. Mas como? Um motorista de táxi britânico pode ajudar um comerciante brasileiro? Por intermédio das organizações de microfinanciamentos, ele pode.

E, assim o fez.

Alguns dias depois, foi oferecido a José um microcrédito de 55 dólares. A fim de se qualificar para isso, no entanto, ele tem de se juntar a um grupo de mutuários com seis pequenos empresários da vizinhança. Cada pessoa recebe um empréstimo, mas todos os membros do grupo avalizam os empréstimos dos demais membros. Em outras palavras, se José não pagar o empréstimo, seus amigos têm de pagar por ele. (A pressão do grupo se tornou positiva.)

José faz bom uso do empréstimo. Com o capital extra, ele consegue reduzir suas idas às compras a uma vez por semana e, assim, manter a loja aberta o dia todo. Depois de dois anos ampliando o negócio e pagando o empréstimo, José tem mil dólares na poupança, comprou um lote na favela e está juntando blocos de cimento para construir uma casa.[1]

Como isso aconteceu? Quem Deus usou para ajudar José Ferreira? Um motorista de táxi. Uma organização humanitária. Outros moradores de favela. Todos eles trabalharam juntos. Não é assim que Deus opera?

Foi assim que ele fez em Jerusalém. A congregação é um microcosmo do plano de Deus. Ninguém pode fazer tudo, mas todos podem fazer alguma coisa. E, quando fazemos, relatos como este são lidos com mais frequência: "Com grande poder os apóstolos continuavam a testemunhar da ressurreição do Senhor Jesus, e grandiosa graça estava sobre todos eles. *Não havia pessoas necessitadas entre eles*" (Atos 4:33,34).

Nossa única esperança é o trabalho em equipe.

Alguns anos atrás, um repórter que cobria o conflito em Sarajevo viu uma garotinha ser baleada por um franco atirador. A parte de trás da cabeça da garota tinha sido despedaçada pela bala. O repórter atirou longe o bloco e o lápis e deixou de ser repórter por alguns minutos. Ele correu até o homem que estava segurando a criança e os ajudou a entrar em seu carro. Conforme o repórter pisou no acelerador, correndo para o hospital, o homem que segurava a criança ensaguentada disse:

— Depressa, meu amigo. Minha criança ainda está viva.

Após um ou dois minutos, ele implorou:

— Depressa, meu amigo. Minha criança ainda está respirando.

No minuto seguinte:

— Depressa, meu amigo. Minha criança ainda está quente.

Por fim:

— Depressa. Ai, meu Deus, minha criança está ficando fria.

Ao chegarem ao hospital, a garotinha estava morta. Quando os dois foram ao banheiro, para lavar o sangue das mãos e das roupas, o homem virou para o repórter e disse:

— Esta é uma tarefa terrível para mim: contar ao pai que sua filha está morta. Ele vai ficar inconsolável.

O repórter parou, estupefato. Olhou para aquele homem angustiado e disse:

— Pensei que ela era sua filha.

O homem o encarou e respondeu:

— Não. Mas não são todos nossos filhos?[2]

De fato. Os que sofrem pertencem a todos nós. E se todos nós respondermos, haverá esperança.

É melhor ter companhia do que estar sozinho, porque maior é a recompensa do trabalho de duas pessoas. Se um cair, o amigo pode ajudá-lo a levantar-se. Mas pobre do homem que cai e não tem quem o ajude a levantar-se!

(ECLESIASTES 4:9,10)

Ó, Deus, sempre que me dirigir ao Senhor como "*nosso* Pai", faça-me lembrar de que tenho sido chamado para fazer parte de uma comunidade sagrada. O Senhor não me chamou para permanecer no isolamento, mas colocou-me no corpo de Cristo, juntamente com todos os outros que creem em Jesus, no mundo todo, de todas as idades. Por favor, me dê a graça para agir sobre a verdade de que fomos criados para crescer como uma equipe, para trabalhar como uma equipe, para prestar culto como uma equipe, para chorar, rir e viver como uma equipe. Conceda-me a sabedoria e a força para participar contigo e com meus irmãos e irmãs em Cristo suprindo as necessidades que o Senhor coloca diante de nós. Por Jesus e em seu nome eu oro, amém.

Capítulo 6

Abra a sua porta, abra o seu coração

Partiam o pão em suas casas, e juntos participavam das refeições, com alegria e sinceridade de coração.

Atos 2:46

Se uma voz fosse uma estação, a dela seria a primavera.

— Olá — cantou a voz. — Obrigada por ligar. Eu precisava de uma saudação gentil. O céu estava despejando baldes de chuva. Os relâmpagos provocaram apagões, e a tempestade emperrava o trânsito. Os noticiários diziam aos motoristas para evitar as estradas mas eu tinha um voo para pegar.

Então, liguei para a companhia aérea. Eles saberiam dizer se o voo estava atrasado ou cancelado. Seriam a calmaria dentro da tempestade. E pelo tempo do bater de asas de uma borboleta, ela foi.

— Olá, obrigada por ligar...

Aí aconteceu. Antes que eu pudesse responder, a voz continuou:

— Para sua segurança, esta ligação será gravada...

De novo, não.

Os antigos navegadores tinham medo de cair da beirada da Terra. Nossos ancestrais pioneiros temiam as nevascas que cegavam. Alguns dos nossos pais conheceram o terror de enfrentar o fogo da artilharia nazista. Mas nenhum dos nossos antepassados enfrentou o que você e eu enfrentamos: o triângulo das Bermudas chamado serviço de atendimento informatizado.

— Tecle um — ela disse — para voos domésticos.

— Tecle dois para voos internacionais.

— Tecle três se souber o número do seu voo e o nome do seu representante no Congresso.

— Tecle quatro se estiver usando suas milhas válidas para voos regionais e sem os filhos.

— Tecle cinco se os nove dígitos do número do seu Seguro Social for maior que sessenta...

E eu tinha de ouvir tudo aquilo para ser atendido! Por fim, teclei um número, e você nem sabe. Cometi o equivalente ao haraquiri telefônico. Fui posto em espera. No futuro próximo, eu estaria aprisionado nas cavernas subterrâneas dos cabos de telefonia, condenado a passar horas ouvindo Kenny G e Barry Manilow.

Como queria ter ouvido uma voz humana, ter falado com uma pessoa de verdade, ter recebido um cumprimento humano. Só eu que acho, ou o contato humano está seguindo o mesmo caminho do leopardo-das-neves? Houve um tempo em que qualquer atividade estimulava o diálogo. No posto de gasolina, cumprimentava-se o atendente. Ao depositar um cheque no banco, conversava-se com o caixa sobre o tempo. Ao comprar um presente, falava-se com o vendedor. Agora não. Você pode pôr gasolina até com um cartão de crédito, fazer depósitos em caixas eletrônicos e comprar um presente pela internet. Você pode passar um dia inteiro fazendo negócios e nunca dizer *olá*.

Dizem que somos uma sociedade rápida, uma sociedade eficiente, mas não dizem que somos uma sociedade pessoal. A nossa sociedade está instalada no isolamento. Usamos fones de ouvido quando nos exercitamos. Comunicamo-nos via *e-mail* e mensagens de texto. Entramos e saímos de nossas casas com portas e portões automáticos. O nosso mantra é: "Eu o deixo em paz e você me deixa em paz".

Mesmo assim, Deus deseja que seu povo seja uma exceção. Que deixe os outros seguirem o caminho dos computadores e dos teclados. Os filhos de Deus serão pessoas hospitaleiras.

Muito antes de ter púlpitos e batistérios, a igreja tinha cozinhas e mesas de jantar. "Todos os dias, continuavam a reunir-se no pátio do templo. Partiam o pão *em suas casas*, e juntos participavam das refeições, com alegria e sinceridade de coração" (Atos 2:46). "Todos os dias, no templo e *de casa em casa*, não deixavam de ensinar e proclamar que Jesus é o Cristo" (Atos 5:42).

Até uma leitura casual do Novo Testamento revela a casa como o recurso primário da igreja. "[...] A você, Filemom, nosso amado cooperador [...] e à igreja que se reúne com você em sua casa" (Filemom 1:1,2). "Saúdem Priscila e Áquila [...]. Saúdem também a igreja que se reúne na casa deles" (Romanos 16:3,5). "Saúdem os irmãos de Laodiceia, bem como Ninfa e a igreja que se reúne em sua casa" (Colossenses 4:15).

Não é de admirar que os bispos fossem hospitaleiros (cf. 1 Timóteo 3:2). O local básico de reunião da igreja era a casa.

Pense na genialidade do plano de Deus. A primeira geração de cristãos era um caldeirão fervilhante de culturas e contextos contrastantes. Pelos menos quinze nacionalidades diferentes ouviram o sermão de Pedro no dia do Pentecoste. Judeus ao lado de gentios. Homens orando com mulheres. Escravos e senhores buscando Cristo igualmente. Pessoas de tal variedade de contextos e culturas podem se entender umas com as outras?

Ficamos imaginando a mesma coisa hoje. Hispânicos podem viver em paz com britânicos? Democratas podem encontrar um ponto em comum com republicanos? Uma família cristã pode dar continuidade a uma amizade com o casal de muçulmanos no fim da rua? Pessoas divergentes podem coexistir?

A igreja primitiva pôde, e sem a ajuda de santuários, edifícios para culto, clero ou seminários. Assim aquelas pessoas o fizeram por meio da mais clara das mensagens (a Cruz) e do mais simples dos recursos (a casa).

Nem todos podem servir em uma terra estrangeira, conduzir uma organização de ajuda humanitária ou voluntariar-se para oferecer sopa aos moradores de rua. Mas quem não pode ser hospitaleiro? Você tem uma porta da frente? Uma mesa? Cadeiras? Pão e carne para fazer sanduíches? Parabéns! Você acaba de se qualificar para servir no mais antigo dos ministérios: a hospitalidade. Você pode se juntar à categoria de pessoas como...

Abraão. Ele alimentou não apenas os anjos, mas o Senhor dos anjos (Gênesis 18).

Raabe, a prostituta. Ela recebeu e protegeu os espias. Graças à bondade dela, sua descendência permaneceu e seu nome é lembrado (Josué 6:22,23; Mateus 1:5).

Marta e Maria. Elas abriram sua casa para Jesus. Ele, por sua vez, abriu a sepultura de Lázaro para as irmãs (João 11:1-45; Lucas 10:38-42).

Zaqueu. Ele recebeu Jesus em sua mesa. E Jesus lhe deixou a salvação como um presente de agradecimento (Lucas 19:1-10).

E o que dizer do maior exemplo de todos, o "certo homem" de Mateus 26:18? Um dia antes de sua morte, Jesus disse aos discípulos: "Vão até a cidade, procurem certo homem e digam: 'O Mestre manda dizer: A minha hora chegou. Os meus discípulos e eu vamos comemorar a Páscoa na sua casa'" (NTLH).

Você gostaria de ser um dos que abriram sua casa para Jesus? Você pode ser. "O que vocês fizeram a algum dos meus menores irmãos, a mim o fizeram" (Mateus 25:40). Ao acolher pessoas estranhas à sua mesa, você está acolhendo o próprio Deus.

Algo sagrado acontece em torno de uma mesa de jantar que nunca vai acontecer em um santuário. No salão de uma igreja, você vê a nuca das pessoas. Em torno da mesa, você vê as expressões nos rostos. Na igreja, só uma pessoa fala; na mesa, todos têm voz. O culto é controlado pelo relógio. Em torno da mesa o tempo é livre para as conversas.

A hospitalidade abre as portas para a comunidade fora do comum.

Não é por acaso que *hospitalidade* e *hospital* vêm da mesma palavra em latim, pois ambas levam ao mesmo resultado: a cura. Ao abrir a porta para alguém, você está enviando a seguinte mensagem: "Você é importante para mim e para Deus". Você pode achar que está dizendo: "Venha me fazer uma visita". Mas o que seu convidado ouve é: "Você vale a pena".

Você conhece pessoas que precisam dessa mensagem? Pessoas que moram sozinhas? Casais jovens que estão longe da família? Colegas de trabalho que foram transferidos, adolescentes que se sentem excluídos e idosos que não dirigem mais. Algumas pessoas passam um dia inteiro sem nenhum contato significativo com outra pessoa. A hospitalidade pode ser o seu hospital. Tudo que você precisa é de alguns hábitos básicos.

Faça um convite sincero. Deixe seus convidados saberem que você quer que eles venham. Fale com eles por telefone ou vá até a mesa deles no trabalho. São seus vizinhos? Bata à porta e diga: "Vamos adorar que vocês venham jantar conosco esta noite. Por favor, venham." As pessoas estão expostas a rejeições todos os dias — é o médico que não pode atender; são os filhos que não telefonam; ou o avião que está lotado. Mas, então, você chega com um convite. *Temos um lugar para você!* Isso muda vidas.

Faça da chegada dos convidados um momento importante. Reúna a família toda na porta da frente. Se houver um quintal na frente da casa, espere seus convidados no portão. Se o seu apartamento tiver um saguão, fique lá esperando por eles. Esse é um momento digno de uma banda de música. Um dos filhos de Deus está chegando à sua casa!

Atenda às necessidades dos seus convidados. A hospitalidade do século I incluía a lavagem dos pés. Hoje, a hospitalidade inclui compartilhamento de comida e bebida. Tempo para falar e ouvir. Nada de barulho de televisão no fundo. Nada de música invasiva. Garanta que todos tenham oportunidade de falar. Circule entre os convidados compartilhando momentos especiais do dia ou coisas que aconteceram na semana. Como o Bom Pastor, preparamos uma mesa e restauramos a alma.

Despeça com uma bênção. Deixe claro que foi um prazer ter recebido seus convidados. Ofereça uma oração pela segurança deles e uma palavra de incentivo para o caminho de volta.

O evento não precisa ser elaborado para ser significativo. Não ouça o que dizem os especialistas em etiqueta, como Martha Stewart, para quem tudo deve estar perfeito. A casa deve estar perfeita. A porcelana deve estar perfeita. As comida. As crianças. O marido. Tudo deve estar perfeito. Toalhas perfumadas para os convidados, entradas quentes, chocolate com menta após o café.

Se esperarmos até que tudo esteja perfeito, nunca faremos um convite. Lembre-se disto: o que é trivial para você é um banquete para outra pessoa. Você acha que sua casa é pequena, mas para o coração solitário é um castelo. Você acha que a sala de estar está uma bagunça, mas para a pessoa cuja vida está em desordem sua casa é um santuário. Você acha que a carne é simples, mas para aqueles que comem sozinhos todas as noites, em embalagens de papelão para viagem, o sabor é de filé mignon. O que é pequeno para você é enorme para eles.

Abra sua mesa.

Mais do que isso, abra seu círculo. Esteja certo de convidar não apenas os abastados e bem-sucedidos, "mas, quando você der uma festa, convide os pobres, os aleijados, os coxos e os cegos e você será abençoado" (Lucas 14:13,14, NTLH).

A palavra grega para *hospitalidade* é composta por dois termos: *amor* e *estranho*, significando literalmente "amar um estranho". Todos nós podemos acolher um convidado que conhecemos e amamos. Mas será que podemos receber bem um estranho? Nos Estados Unidos, a cada manhã mais de 39 milhões de pessoas acordam na pobreza.[1] Em 2008, 17 milhões de famílias tiveram dificuldades para abastecer seus lares com alimentos.[2] Um número estimado em 1,1 milhão de crianças vivia em lares que passaram fome várias vezes ao longo do ano.[3] E isso nos Estados Unidos, o país mais rico na história do mundo.

Quando oferecemos auxílio-alimentação, estamos protelando a fome. No entanto, quando convidamos os famintos para as nossas mesas, estamos abordando questões mais profundas de valor e autoestima. Mas quem diria? A arma secreta de Deus na guerra contra a pobreza inclui a sua mesa e a minha.

Alguns meses atrás, eu estava parado no sinal vermelho de um cruzamento movimentado quando reparei em um homem caminhando em direção ao meu carro. Ele parou no meio-fio, esperou alguns veículos passarem e começou a acenar para mim. Carregava um cartaz debaixo do braço e uma trouxa nas costas. Usava uma calça bem folgada, tinha a barba crescida e estava gritando meu nome:

— Max! Max! Lembra de mim?

Abaixei o vidro da janela. Ele sorriu um sorriso desdentado.

— Ainda lembro daquele sanduba que você comprou pra mim.

Então, me lembrei. Meses, talvez um ano atrás, naquele mesmo cruzamento, eu o tinha levado à lanchonete da esquina, onde fizemos uma refeição juntos. Ele estava indo para a Califórnia naquele dia.

— Estou de passagem pelo Texas outra vez — ele me disse. O semáforo abriu e os carros começaram a buzinar. Saí e o deixei acenando e gritando:

— Obrigado pelo sanduba, Max!

Eu tinha me esquecido daquela refeição. Ele não. Nunca sabemos o que uma refeição pode fazer.

Em uma de suas aparições, o Jesus ressurreto acompanha dois discípulos que caminham de Jerusalém à aldeia de Emaús. O percurso é uma jornada de mais de onze quilômetros, quase um dia inteiro de caminhada para adultos saudáveis. Eles conversam a viagem toda. Jesus lhes faz uma síntese da Bíblia, começando com os ensinamentos de Moisés e prosseguindo até os acontecimentos daquele dia. Mesmo assim, eles não o reconhecem.

Quando estão chegando perto da aldeia, Jesus age como se fosse continuar a viagem. Não nos contaram como ele enviou essa mensagem. Talvez tenha puxado sua agenda de bolso e resmungado algo sobre um compromisso à noite na cidade vizinha. Não sabemos como ele deixou tal impressão, mas deixou.

Os discípulos a caminho de Emaús tiveram uma ideia. "Mas eles insistiram muito com ele: 'Fique conosco, pois a noite já vem; o dia já está quase findando'". (Lucas 24:29).

Fora um dia longo. Os dois peregrinos tinham muita coisa na cabeça. Certamente tinham obrigações e pessoas em suas vidas. Mas os companheiros de viagem sentiram o coração arder. E foi assim que o acolheram.

Mesmo não sabendo que o convidado deles era Jesus, providenciaram uma cadeira a mais, puseram mais água na sopa e ofereceram pão. Jesus abençoou o pão, e quando o fez "os olhos deles foram abertos e o reconheceram" (Lucas 24:31).

Ainda encontramos pessoas na estrada. E por vezes sentimos um calor peculiar, uma afeição. Detectamos um impulso em abrir nossas portas para elas. Nesses momentos, vamos prestar atenção na voz interior. Nunca sabemos quem podemos estar recebendo para jantar.

Hospedem uns aos outros, sem reclamar. Sejam bons administradores dos diferentes dons que receberam de Deus. Que cada um use o seu próprio dom para o bem dos outros!

(1 PEDRO 4:9,10, NTLH)

Pai celestial, o Senhor tem me dado tanto: cada sopro que respiro é um presente de suas mãos. Mesmo assim, confesso que às vezes as minhas mãos permanecem fechadas com força quando encontro as necessidades dos outros. Por favor, abra tanto as minhas mãos quanto o meu coração para que eu possa aprender a me alegrar quando surgirem as oportunidades diárias de hospitalidade que o Senhor me apresenta. Ajude-me a lembrar que quando mostro o seu amor de maneira palpável "a algum dos meus menores irmãos" estou ministrando diretamente ao Senhor. Enquanto me ajuda a abrir o coração e as mãos, peço que também me estimule a abrir a porta para aqueles que precisam experimentar seu amor e sua generosidade. Em nome de Jesus eu oro, amém

CAPÍTULO 7

Olhe o necessitado, toque o ferido

Eles olharam firmemente para ele [...]. Em seguida Pedro pegou a mão direita do homem e o ajudou a se levantar

Atos 3:4,7 (NTLH)

UMA PORTA CHAMADA Formosa. Um homem que era tudo menos formoso.

Ele não podia andar, mas arrastava-se sobre os joelhos. Passava os dias entre o contingente de falsos e verdadeiros mendigos que cobiçavam as moedas dos fiéis que entravam na corte de Salomão.

Pedro e João estavam entre eles.

O necessitado viu os apóstolos, ergueu a voz e implorou uma esmola. Eles não tinham nada para dar, mesmo assim pararam. "Eles olharam firmemente para ele, e Pedro disse: — Olhe para nós!" (Atos 3:4, NTLH). Fixaram os olhos nos olhos do homem com tal compaixão que "o homem olhou para eles, esperando receber alguma coisa" (Atos 3:5, NTLH). Pedro e João não lhe dirigiram uma olhadela envergonhada, um encolher de ombros irritado nem um repúdio cínico, mas um olhar honesto.

É difícil olhar o sofrimento de frente. Não preferimos virar as costas? Olhar em outra direção? Fixar os olhos em sujeitos mais bonitos? Não é fácil olhar o sofrimento humano no olho. As bochechas empoeiradas do paquistanês refugiado. Os olhos arregalados do órfão peruano. Ou o emaranhado grisalho de uma barba usada pelo andarilho que Stanley e eu encontramos na Pensilvânia.

Stanley Shipp serviu como um pai para a minha fé imatura. Ele era trinta anos mais velho e abençoado com um nariz aquilino, lábios finos, uma orla de cabelos brancos e um coração tão grande quanto a região centro-oeste do meu país. Em seu cartão de visitas, que ele dava para quem pedia e para quem não pedia, lia-se simplesmente: "Stanley Shipp, Seu Criado".

Passei meu primeiro ano pós-faculdade sob sua tutela. Uma de nossas viagens nos levou a uma conferência em uma pequena igreja na zona rural da Pensilvânia. Eu e ele éramos as únicas duas pessoas no prédio quando um andarilho, exalando álcool como um perfume barato, bateu à porta. Ele recitou seu discurso de vítima. Superqualificado para o trabalho. Desqualificado para a aposentadoria. Perdeu a passagem do ônibus. Dor nas costas. Seus filhos no Kansas não se importavam. Se as oportunidades ruins fossem *rock'n'roll*, aquele camarada era o Elvis. Cruzei os braços, dei uma risadinha e olhei para Stanley com um olhar de dá-uma-olhada-nesse-cara.

Stanley não olhou para mim. Ele dirigiu cada nervo óptico para o andarilho. Stanley não via ninguém a não ser ele. *Quanto tempo já passou*, me lembro de ter pensado, *desde a última vez em que alguém olhou esse camarada nos olhos?*

A saga, cheia de sinuosidades, finalmente parara, e Stanley levou o homem à cozinha da igreja e lhe preparou um prato de comida e um saco de mantimentos.

Enquanto o observávamos partir, Stanley piscou, deixando cair uma lágrima, e respondeu ao meu pensamento não dito.

— Max, sei que provavelmente ele mentiu. Mas e se apenas uma parte da história for verdade?

Nós dois vimos o homem. Eu vi através dele. Stanley viu dentro dele. É algo fundamentalmente bom quando você tem tempo para ver uma pessoa.

Simão, o fariseu, uma vez desdenhou da bondade de Jesus para com uma mulher de caráter questionável. Então Jesus o testou: "Você está *vendo* esta mulher?" (Lucas 7:44, NTLH).

Simão não via. Ele via uma leviana, uma prostituta, uma vigarista. Não via a mulher.

O que nós vemos quando vemos:

- as figuras debaixo do viaduto, em volta do fogo em uma lata de vinte litros?
- as notícias sobre crianças em campos de refugiados?
- os relatórios de 1,75 bilhão de pessoas que vivem com menos de U$ 1,25 por dia?[1]

O que vemos? "Ao ver as multidões, teve compaixão delas, porque estavam aflitas e desamparadas, como ovelhas sem pastor" (Mateus 9:36).

A palavra *compaixão* é uma das mais curiosas nas Escrituras. O dicionário grego do Novo Testamento diz que essa palavra significa "comover-se até as entranhas [...] (pois se pensava que as entranhas eram o centro do amor e da piedade)".[2] Ela compartilha o mesmo radical de *esplancnologia*, o estudo das partes viscerais.

Compaixão, então, é um movimento interior profundo: um nó nas tripas.

Talvez seja por isso que viramos as costas. Quem consegue suportar tal emoção? Sobretudo quando não podemos fazer nada. Por que olhar o sofrimento de frente se não podemos fazer a diferença?

E se pudéssemos? E se a nossa atenção pudesse reduzir a dor de alguém? Essa é a promessa do encontro.

Disse Pedro: "Não tenho prata nem ouro, mas o que tenho, isto lhe dou. Em nome de Jesus Cristo, o Nazareno, ande." Segurando-o pela mão direita, ajudou-o a levantar-se, e imediatamente os pés e os tornozelos do homem ficaram firmes. E de um salto pôs-se em pé e começou a andar. Depois entrou com eles no pátio do templo, andando, saltando e louvando a Deus (Atos 3:6-8).

E se Pedro tivesse dito: "Como não tenho prata nem ouro, manterei minha boca calada"? Mas não disse. Ele embasava seus menores atos (como um olhar e um toque), mesmo os pequenos como um grão de mostarda, no solo do amor de Deus. E veja o que aconteceu.

A mão forte e grossa do pescador se estendeu para alcançar a mão fraca e macilenta do mendigo. Pense na Capela Sistina e na mão de Deus lá no alto. Uma de cima, a outra debaixo. Uma mão sagrada que socorre. Pedro ajudou o homem a se levantar. O aleijado bamboleou como um bezerro recém-nascido que tenta encontrar o equilíbrio. Parecia que ia cair, mas não caiu. Ficou de pé. E, ao ficar de pé, começou a gritar, e os transeuntes começaram a parar. Pararam e observaram o aleijado pular.

Você não acha que ele tenha pulado? Não a princípio, veja bem. Mas após um passo cauteloso, depois outro, você não acha que ele saiu saltitando? Desfilando e agitando o pano sobre o qual tinha vivido?

A multidão se espremia ao redor do trio. Os apóstolos riam enquanto o mendigo dançava. Outros mendigos, com capas rasgadas e túnicas esfarrapadas, acorreram para ver a cena e gritaram querendo a sua parte no milagre.

— Quero a minha cura! Toque-me! Toque-me!

Então, Pedro assentiu. Ele os escoltou à clínica do Grande Médico e os convidou a sentar-se. "Pela fé no nome de Jesus, o Nome curou este homem que vocês veem e conhecem. [...] Arrependam-se, pois, e voltem-se para Deus, para que os seus pecados sejam cancelados, para que venham tempos de descanso da parte do Senhor" (Atos 3:16,19,20).

Cancelado é uma tradução de um termo grego que significa "obliterar" ou "apagar completamente". A fé em Cristo, explicou Pedro, leva a um passado em branco para com Deus. O que Jesus fez pelas pernas do aleijado faz também pela nossa alma. Deixa-a nova em folha!

Um olhar honesto levou a uma ajuda que levou a uma conversa sobre a eternidade. As obras realizadas em nome de Deus fazem a nossa vida terrena valer a pena.

Vamos ser as pessoas que param na porta. Vamos olhar os feridos até que nos firamos com eles. Nada de apressar o passo, atravessar a rua ou desviar os olhos. Nada de fingir nem de disfarçar. Vamos olhar os rostos até vermos a pessoa.

Uma família da nossa congregação convive com a dolorosa realidade de ter um filho morador de rua. Ele fugiu quando tinha 17 anos, e, tirando alguns telefonemas da prisão e uma visita, não têm contato com ele há vinte anos. A mãe me permitiu entrevistá-la em uma assembleia da liderança. Enquanto nos preparávamos para a discussão, eu lhe perguntei por que estava disposta a revelar a sua história.

— Quero mudar a forma de as pessoas verem os moradores de rua. Quero que parem de vê-los como problemas e que comecem a vê-los como filhos de outras mães.

Em certas áreas da África do Sul onde se fala zulu, as pessoas se cumprimentam com uma frase que significa "eu vejo você".[3] A mudança começa com um olhar genuíno.

E continua com uma mão amiga. Estou escrevendo este capítulo debaixo de uma luz fraca em um hotel etíope a apenas alguns quilômetros e horas de uma versão moderna dessa história.

Bzuneh Tulema vive em uma casa de blocos com dois cômodos de chão de terra batida no final de uma estrada poeirenta nas colinas áridas de Adama. Talvez tenha uns trinta metros quadrados. Ele pintou as paredes de azul pastel e pendurou dois quadros de Jesus, um dos quais ostenta o título "Jesus the Goos[1] [*sic*] Shepherd". Durante a nossa visita, o dia estava abafado, o cheiro de estrume de vaca era pungente e eu não ousava respirar fundo, pois temia engolir uma mosca.

Em frente a nós, Bzuneh estava radiante. Ele usava um boné Nike com bico curvado, uma jaqueta vermelha (apesar do calor quase insuportável) e exibia um sorriso um tanto desdentado. Nenhum rei jamais esteve tão orgulhoso de um castelo do que ele de suas quatro paredes. Conforme o rapaz de 35 anos relatava sua história, eu compreendi.

Há apenas dois anos ele era o bêbado da cidade. Bebeu até destruir seu primeiro casamento, e o segundo casamento prometia acabar como o primeiro. Ele e a mulher estavam tão dominados pelo álcool que entregaram os filhos para os vizinhos e se resignaram à prisão do alcoolismo.

Mas então alguém os *viu*. Como Pedro e João viram o mendigo, os membros de uma igreja local deram uma boa olhada na situação deles. Começaram trazendo alimentos e roupas para o casal. Convidaram-nos a frequentar os serviços de culto. Bzuneh não estava interessado. No entanto, sua mulher, Bililie, aceitou. Ela começou a ficar sóbria e a pensar na história de Cristo. Na promessa de uma vida nova. Na oferta de uma segunda chance. Ela acreditou.

Para Bzuneh esse processo não foi tão rápido. Ele continuou bebendo até que, certa noite, um ano depois, ele caiu e bateu o rosto, ganhando uma cicatriz que permanece até hoje. Os amigos o encontraram em uma sarjeta e o levaram para a mesma igreja, compartilhando o mesmo Jesus com ele. Desde então, Bzuneh não ingeriu uma gota de álcool.

O problema da pobreza continuava. O casal não possuía nada além das roupas e do casebre em que morava. Mas eis que entra em cena Meskerem Trango, um obreiro da Visão Mundial que deu continuidade ao ministério de "olhar e tocar". Mas como ele poderia ajudar Bzuneh, um alcoólatra em recuperação, a se restabelecer? Empregos na região eram escassos. Além disso, quem desejaria contratar o beberrão da vila? Uma doação em dinheiro também não era a solução; o casal poderia bebê-lo todo.

Meskerem sentou-se com Bzuneh e examinou as possibilidades. Por fim, topou com uma solução. Estrume de vaca. Ele arranjou um empréstimo através do departamento de microfinanças da Visão Mundial. Bzuneh comprou uma vaca, construiu um galpão e começou a coletar estrume e a transformá-lo em metano e adubo. Bililie cozinhava com o gás e ele vendia o adubo. Em um ano já tinha quitado o empréstimo, comprado mais quatro vacas, construído sua casa e recuperado os filhos.

— Hoje tenho dez animais, trinta cabras, um aparelho de TV, um gravador e um telefone celular. Até a minha mulher tem um celular — Bzuneh diz e ri. — E tenho o sonho de ser comerciante de grãos.

Tudo começou com um olhar honesto e uma mão estendida. Seria essa a estratégia de Deus para o sofrimento humano? Primeiro olhos bondosos encontram olhos desesperados. Em seguida, mãos fortes ajudam mãos fracas. Depois, o milagre de Deus. Fazemos a nossa pequena parte, ele faz a grande parte, e a vida na porta Formosa começa a ser justamente essa.

Quando Jesus saiu do barco e viu uma grande multidão, teve compaixão deles, porque eram como ovelhas sem pastor.

(Marcos 6:34)

Deus gracioso, que na Bíblia é chamado de "Aquele que me vê", e sei que seus olhos estão sempre sobre mim, para me guiar, proteger, abençoar e corrigir. O Senhor me deu olhos também, e peço que me conceda o poder de usá-los para *ver* de verdade. Ajude-me a ver aqueles a quem coloca em meu caminho — vê-los de fato, com suas feridas, seus desejos, aspirações, necessidades, alegrias e desafios. E, ao abrir meus olhos, induza-me a abrir meus braços para oferecer todo apoio e incentivo que tenho para dar. Em nome de Jesus eu oro, amém.

Capítulo 8

Perseguição: prepare-se para ela; resista a ela

Chegaram os sacerdotes, o capitão da
guarda do templo e os saduceus.

Atos 4:1

EM 18 DE ABRIL DE 2007, três cristãos foram mortos na Turquia por causa de suas crenças. Necati Aydin foi um deles. Ele tinha 35 anos e era pastor na cidade de Malatya.

Por pouco ele não deixara de ir ao escritório naquela manhã. Como esteve viajando por dez dias, sua mulher, Semse, queria que ficasse em casa e descansasse. Semse serviu o café da manhã para os dois filhos, Elisha e Esther, e os levou à escola. Ao voltar, não fez barulho para não acordar o marido. Mesmo assim, ele se mexeu, entreabriu os olhos, se espreguiçou e admitiu que estava cansado:

— Não quero levantar da cama hoje.

Mas se levantou. Tinha muita coisa para fazer. Só 0,2% da nação de maioria muçulmana segue Jesus. Irônico. Justo na mesma terra que um dia conheceu as marcas da sandália do apóstolo Paulo e serviu de palco para a igreja primitiva. E hoje? São menos de 153 mil cristãos turcos em um país de 76 milhões de pessoas.[1] Gente como Necati vive para mudar tal cenário. Ele arrastou o corpo cansado para fora da cama e preparou-se para enfrentar o dia.

Enquanto relembra e conta os acontecimentos daquela manhã, Semse faz uma pausa entre as frases. Suas bochechas redondas vão ficando vermelhas. O cabelo escuro cai como uma onda sobre a testa. Até este ponto ela consegue conter a emoção. Sem lágrimas, descreveu o ataque, com toda a sua crueldade, e falou do quanto é difícil encarar a viuvez súbita. Mas na frase seguinte ela desaba.

— Meu marido querido saiu de casa às onze horas. Fiquei ali, esperando o elevador chegar. Ele sorriu para mim pela última vez, mas eu não sabia que seria o último sorriso. É disso que sempre me lembrarei...

Ela suspira e olha para o nada, como se estivesse vendo um rosto que só ela consegue ver. Depois continua:

— Isso é muito doloroso para mim, porque sinto saudade daquele sorriso... porque o sol não se levanta quando ele não sorri...

Semse abaixa os olhos e deixa rolar uma lágrima silenciosa, mas só uma.

— É um copo amargo do qual temos de beber todos os dias.

Ao chegar ao escritório, Necati viu que seus dois colegas já tinham recebido visitas: cinco jovens que manifestaram interesse pela fé cristã. Mas os inquisidores traziam mais que perguntas. Traziam armas de fogo, facas, cordas e toalhas.

Os agressores brandiram as armas e mandaram Necati recitar a oração da conversão islâmica: "Não há outro Deus senão Alá e Maomé é seu profeta."

Quando Necati se recusou, começou a tortura. Por uma hora de tormento, os assaltantes amarraram, interrogaram e retalharam os cristãos. Por fim, com a polícia derrubando a porta, cortaram a garganta das vítimas. A última palavra ouvida no escritório foi o grito de um cristão de fé inabalável:

— Messias! Messias![2]

Histórias como essas costumam nos silenciar. Já nem vale a pena mencionar o trânsito desta manhã. Embora eu possa me ver — por um microssegundo — como um homem de fé, penso nos mártires de Malatya e me pergunto: *Será que eu faria esse sacrifício? Gritaria "Messias! Messias!"? Daria a minha vida?* Pois há dias em que não quero dar nem a minha vaga no estacionamento.

Os pastores turcos podiam ter vivido. Com uma simples confissão a Alá, as facas teriam sido baixadas e as vidas poupadas. Semse teria marido, e Elisha e Esther teriam pai. Necati poderia ter voltado para casa, para o convívio com a família. Em vez disso, ele escolheu clamar a Cristo.

O que você teria feito?

A questão é mais do que acadêmica. A perseguição acontece. Três quartos dos cristãos vivem no terceiro mundo, muitas vezes em ambientes anticristãos. Mais chineses participam do culto de domingo do que todos os europeus ocidentais. O Líbano é 39% cristão; o Sudão, 5%; o Egito, algo perto de 10%.[3] Muitos desses devotos sabem que correm risco. Você pode ser um deles. Você pode ser o único cristão na sua universidade no Iraque. Você pode ser uma mulher árabe que faz orações em silêncio ou um judeu messiânico que vive no coração de Jerusalém.

Ou talvez você pertença a uma sociedade com liberdade religiosa mas a uma comunidade de opressão espiritual. Você pode não enfrentar armas nem terroristas, mas críticos e acusadores. Os familiares zombam de suas crenças. Os professores da universidade menosprezam suas convicções. Os companheiros de classe riem de suas escolhas. Os colegas pressionam você para comprometer a sua honestidade. No trabalho, pessoas fazem o que podem para atrapalhar você em um momento de fraqueza. Você tem uma faca no pescoço? Não. Mas sofre pressão para abandonar as suas convicções?

Lembro-me de Maria Dutton, minha professora de português quando fui missionário no Brasil. Ela cresceu em uma família aristocrática e influente. Quando se converteu ao cristianismo, seu pai a renegou. Ele não esteve presente no seu casamento nem a visitava nas ocasiões importantes. Durante muitos anos não teve nenhuma ligação com ela ou com os filhos dela.

Heidi é a única devota na turma de animadoras de torcida do ensino médio. Quando os outros saem depois dos jogos, ela vai para casa. Quando vão para a farra enquanto estão viajando, ela vai para o hotel. Ela é o alvo central das gozações.

A perseguição acontece. Pedro e João que o digam. Eles curaram o aleijado em um minuto e enfrentaram o aborrecimento no minuto seguinte. "Enquanto Pedro e João falavam ao povo, chegaram os sacerdotes, o capitão da guarda do templo e os saduceus. Eles estavam muito perturbados porque os apóstolos estavam ensinando o povo e proclamando em Jesus a ressurreição dos mortos" (Atos 4:1,2).

Até então a igreja primitiva tinha desfrutado de calmaria e tranquilidade. O milagre do Pentecoste angariou três mil seguidores. A igreja gerara atos de bondade, compaixão e camaradagem. Os bons atos autenticavam as boas-novas. O número de adeptos aumentava. Os três primeiros capítulos de Atos retratam dias felizes. Mas depois vem Atos 4. A Igreja mal sai da maternidade e já enfrenta intimidações: "chegaram os sacerdotes, o capitão da guarda do templo e os saduceus" (Atos 4:1).

Um soldado poderoso se aproxima em meio à multidão. Ele tem cabelo cacheado na altura dos ombros. Seu peito nu se destaca e suas pernas parecem ser feitas de ferro. Traz um medalhão de autoridade sobre o peito e um chicote na mão. Ele pode, por lei, prender qualquer um que transgredir as regras do templo. Ele veio para aplicar a lei.

Os sacerdotes o seguem: Caifás e seu sogro, Anás. Ficam um de cada lado do capitão do templo, cruzam os braços e lançam um olhar com esta advertência implícita: "Não se esqueçam do que fizemos com seu Messias. Os três pregos na cruz romana não deixaram bem claro?"

Anás, o sumo sacerdote, arqueia uma sobrancelha em direção a Pedro. Ele não esqueceu o que esse apóstolo fez com seu servo há algumas semanas no Getsêmani. Quando o servo e os soldados foram prender Jesus, Pedro desembainhou sua espada e "feriu o servo do sumo sacerdote, decepando-lhe a orelha direita" (João 18:10). Jesus curou a orelha, mas o sumo sacerdote não esqueceu o incidente. Estou vendo Anás puxando sua orelha e ameaçando: "Tenho uma dívida para acertar com você, Pedro."

Pedro, nesse meio tempo, pode estar se debatendo com algumas de suas próprias lembranças daquela noite de quinta-feira. Não só se lembrando do golpe cortante de sua espada, mas também de seus pés ligeiros. Ele e os outros seguidores fugiram do local como gatos escaldados, deixando Jesus sozinho para enfrentar os inimigos. Mais tarde, naquela noite, Pedro reuniu coragem suficiente para aparecer no julgamento Jesus. Mas, quando as pessoas o reconheceram, Pedro esmoreceu novamente. Ele renegou seu Salvador não uma, mas três vezes.

Até agora, o placar é o seguinte: Perseguição 2 ´ 0 Pedro. Pedro fracassou nos testes de perseguição. Mas não fracassariam neste.

O trio permanece firme. Se suas pernas tremem, é porque o mendigo acabou de aprender a ficar de pé e os apóstolos estão preferindo não correr.

Então Pedro, cheio do Espírito Santo, disse-lhes: "Autoridades e líderes do povo! Visto que hoje somos chamados para prestar contas de um ato de bondade em favor de um aleijado, sendo interrogados acerca de como ele foi curado, saibam os senhores e todo o povo de Israel que por meio do nome de Jesus Cristo, o Nazareno, a quem os senhores crucificaram, mas a quem Deus ressuscitou dos mortos, este homem está aí curado diante dos senhores" (Atos 4:8-10).

Não há rendição nessas palavras. Percebo até um toque de cinismo ("Visto que hoje somos chamados para prestar contas de um ato de bondade em favor de um aleijado...") e uma grande dose de asserção ("saibam os senhores e todo o povo de Israel que por meio do nome de Jesus Cristo, o Nazareno..."). Só o nome Jesus teria sido suficiente, mas Pedro sem nenhum constrangimento replica: "Jesus Cristo, o Nazareno." E então afirma de forma clara, vigorosa e firme: "Não há salvação em nenhum outro, pois, debaixo do céu não há nenhum outro nome dado aos homens pelo qual devamos ser salvos" (Atos 4:12)Anás e Caifás apertam os lábios. O capitão do templo aperta o chicote. Os saduceus apertam os olhos. Os agentes do poder de Jerusalém lançam olhares furiosos para Pedro e João.

Mas eles não se abalam. O que aconteceu com eles? Da última vez que Pedro e João viram esses soldados foi pelo espelho retrovisor. Mas hoje estão cara a cara com a Suprema Corte de Jerusalém. O que havia mudado?

Lucas nos dá a resposta no versículo 13: "Vendo [os acusadores] a coragem de Pedro e de João, e percebendo que eram homens comuns e sem instrução, ficaram admirados e reconheceram que eles haviam estado com Jesus."

Pedro e João haviam estado com Jesus. O Jesus ressuscitado. No Cenáculo, quando ele andou pela sala. Estando perto de Tomé quando o discípulo tocou as feridas. Na praia, quando Jesus cozinhou o peixe. Sentando aos pés de Jesus por quarenta dias enquanto ele explicava os caminhos do reino.

Eles tinham ficado por um tempo longo e prazeroso na presença do Rei ressuscitado. Tinham acordado com ele, passeado com ele. E, por isso, o silêncio tinha deixado de ser uma opção. "Não podemos deixar de falar do que vimos e ouvimos" (Atos 4:20).

Você poderia empregar uma ousadia de alta octanagem? Se quiser que a sua vida valha a pena, poderá.

Enquanto você estiver parado, ninguém vai reclamar. Os cães não latem para carros estacionados. Mas assim que você acelerar — assim que passar da embriaguez para a sobriedade, da desonestidade para a integridade ou da letargia para a compaixão — espere a gritaria começar. Espere ser criticado. Espere ser alvo de escárnio. Espere ser perseguido.

Então, como podemos nos preparar? Simples. Imite os discípulos. Permaneça um tempo longo e frequente na presença de Cristo. Medite sobre sua graça. Pense em seu amor. Memorize suas palavras. Fite seu rosto. Fale com ele. A coragem vem quando vivemos com Jesus.

Pedro disse isso da seguinte forma: "Como vocês serão felizes se tiverem de sofrer por fazerem o que é certo! Não tenham medo de ninguém, nem fiquem preocupados. Tenham no coração de vocês respeito por Cristo e o tratem como Senhor. Estejam sempre prontos para responder a qualquer pessoa que pedir que expliquem a esperança que vocês têm" (1 Pedro 3:14,15, NTLH).

Ao meditarmos sobre a vida de Cristo, encontramos força para a nossa própria vida. O exemplo de Xu Yonghai me vem à mente. Cristão na China comunista, ele trabalhou para ver a legalização das igrejas em lares. O governo respondeu colocando-o em uma prisão em Pequim por 24 meses. Sua cela era um quadrado de 2,5 metros. Não havia banheiro, só um cano no canto que vertia água para o concreto.

— A minha cela era a última parada para os prisioneiros condenados à morte — disse Yonghai. — Às vezes havia até mais três prisioneiros no cubículo úmido e apertado, esperando o encontro com o executor.

Yonghai sobreviveu orando, meditando e escrevendo. Nas paredes da cela, ele escreveu os pontos mais importantes para um livro sobre Deus, usando uma barra de sabão. Quando terminou, memorizou os pensamentos. Após sua libertação, transformou-os em um livro de cinquenta mil palavras intitulado *God the Creator* [Deus, o Criador]. Como Pedro e João, Yonghai permaneceu na presença de Jesus e encontrou forças. A coragem vem quando refletimos sobre os feitos de Cristo.[4]

Você será ousado amanhã? Então esteja com Jesus hoje. Esteja com sua Palavra. Esteja com seu povo. Esteja em sua presença. E, quando a perseguição vier (e virá), seja forte. Quem sabe? As pessoas podem reconhecer que você, como os discípulos, esteve com Cristo.

As minhas perseguições e os meus sofrimentos. Você sabe tudo o que me aconteceu nas cidades de Antioquia, de Icônio e de Listra. Que terríveis perseguições eu sofri! Porém o Senhor me livrou de todas elas. Todos os que querem viver a vida cristã unidos com Cristo Jesus serão perseguidos.

(2 TIMÓTEO 3:11,12, NTLH)

Pai, não gostamos de pensar na perseguição. Muito menos gostamos de experimentá-la! Mas, em sua sabedoria e graça, o Senhor nos adverte de que ela é esperada. Diz-nos essas coisas não para nos alarmar mas para nos preparar para o que está por vir — para que possamos suportar, perseverar, e também para que essas experiências difíceis possam glorificar o Senhor e nos beneficiar. Para que isso aconteça, preciso de uma reorientação de perspectiva e uma mudança de foco. Ajude-me a ver o mundo através dos seus olhos, focando em seu Filho, lembrando do que ele realizou na cruz apesar da perseguição que recaiu sobre ele. Seja qual for a perseguição que eu possa sofrer, deixe-a vir para a sua honra, e use-a para ajudar outros seguidores de Jesus que enfrentarão suas próprias perseguições. Em nome de Cristo eu oro, amém.

Capítulo 9

Faça o bem, em silêncio

Um homem chamado Ananias, com Safira, sua mulher,
também vendeu uma propriedade. Ele reteve parte
do dinheiro para si, sabendo disso também sua mulher;
e o restante levou e colocou aos pés dos apóstolos.

Atos 5:1,2

O casal estava sentado na mesa da cozinha e fitava um cheque de quinze mil dólares. O silêncio era uma pausa. Na última meia hora tinham sido doze *rounds* de luta livre verbal. Ela o culpava pela ideia.

— Você tinha de dar todo o dinheiro?

Ele respondeu bruscamente:

— Você não reclamou quando todos a aplaudiram na igreja, e está reclamando agora!

— Quem podia imaginar que aquele pedaço de terra suja conseguiria esse preço?

Ananias não esperava receber quinze mil dólares. Dez mil na melhor das hipóteses. Oito mil no mínimo. Mas quinze mil por uma gleba nua e longe daquela estradinha de uma única faixa ao sul de Jerusalém? Ele herdara a propriedade do tio Ernie, que tinha deixado um bilhete expressando sua vontade: "Fique com a terra, Andy. Nunca se sabe. Se a estrada for ampliada de uma para quatro faixas, você terá um pé de meia".

Então, Ananias aceitou o conselho, trancou o documento no cofre e nunca mais pensou a respeito, até que

Safira, sua mulher, ficou sabendo de uma ação generosa realizada por Barnabé.

— Ele vendeu sua casa na praia e deu o dinheiro para a igreja.

— Você está brincando! A casa em Jaffa?

— Foi o que ouvi dizer.

— Opa! É uma bela propriedade.

Ananias conhecia Barnabé do Rotary. Claro, todos conheciam Barnabé. O camarada tinha mais amigos do que o templo tinha sacerdotes. Ananias não podia deixar de reparar no tom que as pessoas usavam quando falavam da doação de Barnabé. Respeito. Apreço. Seria bom receber a mesma consideração.

Então, ele falou do lote de terra para Safira:

— Nunca vamos construir nada lá. Tenho certeza de que podemos conseguir oito mil dólares. Vamos dar o dinheiro para a igreja.

— O dinheiro todo?

— Por que não?

Teria sido melhor fazerem o que tinham de fazer, ficando de boca fechada e dando o presente. Não precisavam contar para ninguém. Mas Ananias nunca primou por controlar a língua.

Durante o culto do domingo seguinte, o apóstolo Pedro concedeu a palavra a quem quisesse dar testemunhos ou fazer pedidos de oração. Ananias se levantou rapidamente e tomou a dianteira.

— Safira e eu temos sido mais do que abençoados desde que viemos aqui, à igreja de Jerusalém. E queremos agradecer. Estamos vendendo umas terras, e nos comprometemos a doar cada centavo para o Fundo das Viúvas.

A congregação, fortalecida com milhares de membros, irrompeu em aplausos. Ananias gesticulou para Safira acenar... e ela o fez. Ela se pôs de pé, acenou para todos os lados e soprou um beijo na direção de Ananias. Ele devolveu o gesto e depois saudou Pedro. Mas Pedro não estava sorrindo. Ananias preferiu não pensar muito nisso e voltou para seu lugar. Mais tarde, naquela noite, ele chamou um corretor de imóveis e colocou a propriedade à venda. Adormeceu pensando em um salão cheio de gente gritando seu nome na cerimônia que o homenagearia.

O palpite do tio Ernie sobre a ampliação da estrada estava completamente certo. Dois empreendedores imobiliários disputaram a propriedade. Nenhum se assustou com o preço de dez mil dólares. Com o encerramento dos lances, o casal recebeu um cheque de quinze mil.

Então, sentaram-se na mesa da cozinha em silêncio. Safira mexia o café. Ananias olhava fixamente para o cheque. Foi Safira quem sugeriu o plano.

— E se lhes disséssemos que vendemos a propriedade por apenas dez mil dólares?

— O quê?

— Quem precisa saber?

Ananias pensou por um instante.

— Sim, vamos deixá-los pensar que fechamos em dez mil. Assim, ficaremos com o crédito pela doação e com algum dinheiro para algo especial.

Ela sorriu.

— Como uma entrada de cinco mil dólares em um condomínio em Jaffa?

— Não vejo nenhum mal nisso.

— Nem eu.

E foi assim que no domingo seguinte Ananias ficou de pé diante da igreja outra vez. Ele mostrou o cheque e anunciou:

— Vendemos a propriedade por dez mil dólares! — E o colocou no cesto de ofertas. Deleitou-se com os aplausos e sinalizou para Safira se levantar. Ela se levantou.

Consideraram a encenação bem-sucedida.

No domingo à tarde, os apóstolos chamaram Ananias para uma reunião.

— Com certeza eles querem nos agradecer — Ananias disse para Safira enquanto ajustava a gravata. — Talvez queiram saber se aceitaríamos um banquete de reconhecimento.

— Acho que seria bom um banquete — assegurou-lhe Safira.

Ele sorriu e saiu pela porta, sem nem imaginar que nunca mais voltaria.

De acordo com Lucas, a reunião demorou apenas o tempo suficiente para Pedro fazer quatro perguntas e dar um veredicto simples.

1ª pergunta: "Ananias, como você permitiu que Satanás enchesse o seu coração, ao ponto de você mentir ao Espírito Santo e guardar para si uma parte do dinheiro que recebeu pela propriedade?" (Atos 5:3). Chega de encenação. A frase que Lucas usa para *guardar para si* significa "apropriar-se indevidamente". Os apóstolos descobriram o esquema do casal: fraude financeira.

2ª pergunta: "Ela não lhe pertencia?" (Atos 5:4). Ninguém obrigara o casal a vender a propriedade. Eles agiram de livre e espontânea vontade.

3ª pergunta: "E, depois de vendida, o dinheiro não estava em seu poder?" (Atos 5:4). A qualquer momento o casal podia ter mudado de opinião e alterado sua contribuição. O pecado não estava em guardar uma parte do rendimento apurado, mas na simulação de ter entregado o dinheiro todo. Eles queriam dar a impressão de sacrifício sem fazer sacrifício.

4ª pergunta: "O que o levou a pensar em fazer tal coisa?" (Atos 5:4). Esse ato fraudulento não foi um deslize impulsivo, mas, sim, uma trapaça calculada e premeditada. Ananias teve a total intenção de enganar a igreja. Ele não imaginou que estaria mentindo para Deus?

Pedro deixou isso muito claro com este veredito: "'Você não mentiu aos homens, mas sim a Deus.' Ouvindo isso, Ananias caiu morto" (Atos 5:4,5).

O corpo de Ananias foi coberto e sepultado antes que Safira tivesse ideia do sucedido. Quando chegou para encontrar-se com Pedro, ela esperava receber uma palavra de apreço. Pedro lhe deu a chance de confessar a verdade.

"Diga-me, foi esse o preço que vocês conseguiram pela propriedade?" (Atos 5:8).

(Vamos, Safira, diga a verdade. Você está em suas mãos. Se for honesta, poderá viver para contar a história.) Ela não diz.

"Sim, foi esse mesmo."

"Por que vocês entraram em acordo para tentar o Espírito do Senhor? Veja! Estão à porta os pés dos que sepultaram seu marido, e eles a levarão também" (Atos 5:8,9).

Enquanto eles carregam Safira para se juntar a seu marido no cemitério, nós balançamos a cabeça. Temos coragem de pensar em voz alta o que estamos nos perguntando em nosso íntimo? Temos coragem de fazer a pergunta em que estamos pensando? Já que ninguém a fará, eu farei.

Isso era realmente necessário?

Ananias e Safira mereciam uma punição, claro. Mereciam uma sentença severa. Mas uma sentença de morte? A punição é compatível com o crime? O que ele fizeram foi ruim, mas foi *tão* ruim?

Vamos pensar a respeito. O que eles fizeram exatamente?

Usaram a igreja para a autopromoção. Usaram a família de Deus para alavancar um ganho pessoal. Tentaram transformar a congregação em um palco pessoal no qual poderiam se pavonear.

Deus tem uma palavra forte para tal comportamento: *hipocrisia*. Quando Jesus a usava, as pessoas abaixavam a cabeça para disfarçar. Ele censurou os fariseus com esta bofetada:

Tudo o que fazem é para serem vistos pelos homens. [...] Gostam do lugar de honra nos banquetes e dos assentos mais importantes nas sinagogas, de serem saudados nas praças e de serem chamados "rabis". [...] Ai de vocês, mestres da lei e fariseus, hipócritas! Vocês fecham o Reino dos céus diante dos homens! [...] Ai de vocês, mestres da lei e fariseus, hipócritas! Vocês devoram as casas das viúvas e, para disfarçar, fazem longas orações. [...] Vocês limpam o exterior do copo e do prato, mas por dentro eles estão cheios de ganância e cobiça (Mateus 23:5-7,13-14,25).

Jesus nunca falou com ninguém com tamanha veemência. Mas, quando viu o hipócrita religioso, ele acendeu os holofotes e expôs tudo o que os fariseus queriam esconder. "Eles gostam de ficar orando em pé nas sinagogas e nas esquinas, a fim de serem vistos pelos outros" (Mateus 6:5).

Esta é a definição prática de *hipocrisia*: "ser visto pelos outros". A palavra grega para hipócrita, *hypokrités*, originalmente significava "ator". Os atores do século primeiro usavam máscaras. Um hipócrita, então, é aquele que usa uma máscara, um falso rosto.

Jesus não disse: "Não façam boas obras." Tampouco instruiu: "Não deixem suas obras serem vistas." Temos de fazer boas obras, e algumas obras, como a benevolência ou o ensinamento, devem ser vistas para terem impacto. Então, que fique claro. Fazer uma coisa boa é uma coisa boa. Fazer o bem para ser visto não é. Na verdade, fazer o bem para ser visto é um delito grave. Eis por quê.

A hipocrisia faz as pessoas se afastarem de Deus. Quando as almas que têm fome de Deus se veem em uma congregação cheia de aspirantes a celebridades, o que acontece? Quando os que buscam Deus veem cantores se exibindo como se fossem artistas de Las Vegas... Quando ouvem o pregador — um homem de palavras polidas, vestido e penteado polidamente — encenar para a multidão e excluir Deus... Quando os outros assistentes se vestem para serem vistos e fazem muito estardalhaço sobre suas doações e ofertas... Quando as pessoas entram em uma igreja para ver Deus e não conseguem ver Deus por causa da igreja, não pense nem por um segundo que Deus não reage. "Tenham o cuidado de não praticarem os seus deveres religiosos em público a fim de serem vistos pelos outros. Se vocês agirem assim, não receberão nenhuma recompensa do Pai de vocês, que está no céu" (Mateus 6:1, NTLH).

A hipocrisia faz as pessoas se voltarem contra Deus. E então Deus mantém uma política de não tolerância. Deixa os corpos frios e sem vida do casal de fraudadores darem o aviso pretendido. Vamos levar a hipocrisia com tanta seriedade quanto Deus a leva. Como podemos?

Não espere crédito pelas boas ações. Nenhum. Se ninguém reparar, você não fica desapontado. Se alguém reparar, dê o crédito a Deus.

Faça-se esta pergunta: mesmo que ninguém saiba do bem que fiz, ainda assim eu o faria? Se não, você está fazendo para ser visto pelas pessoas.

Faça doações financeiras em segredo. O dinheiro suscita o impostor dentro de nós. Gostamos que nos vejam ganhá-lo. E gostamos que nos vejam dá-lo. Então, "quando você der esmola, que a sua mão esquerda não saiba o que está fazendo a direita" (Mateus 6:3).

Não seja espiritualmente falso. Quando for à igreja, não escolha um assento só para ser visto nem cante só para ser ouvido. Se erguer as mãos em adoração, ergaas sagradamente e não com pompa. Quando falar, não altere o vocabulário para usar termos religiosos que estão na moda. Nada é mais repugnante do que um falso "Louvado seja o Senhor", um "Aleluia" frívolo ou um "Glória a Deus" insincero.

E o mais importante: não faça uma produção teatral com a sua fé. "Olhe para mim! Olhe para mim!" é o que se pode falar no *playground*, não no reino de Deus. Silencie as trombetas. Cancele o desfile. Chega de citar nome de pessoas famosas como se fossem amigas suas. Se os elogios vierem, desvie educadamente antes que você acredite neles. Aniquile o desejo de ser notado. Desperte o desejo de servir a Deus.

Preste atenção no conselho de Cristo: "Limpe primeiro o interior do copo e do prato, para que o exterior também fique limpo" (Mateus 23:26). Concentre-se no interior, e o exterior cuidará de si mesmo. Coloque seus motivos diante de Deus todos os dias, a cada hora. "Sonda-me, ó Deus, e conhece o meu coração; prova-me, e conhece as minhas inquietações. Vê se em minha conduta algo te ofende, e dirige-me pelo caminho eterno" (Salmo 139:23,24).

Faça coisas boas. Só não as faça para ser notado. Você pode ser muito bom para o seu próprio bem. Você sabe.

Mas quando você der esmola, que a sua mão esquerda não saiba o que está fazendo a direita, de forma que você preste a sua ajuda em segredo. E seu Pai, que vê o que é feito em segredo, o recompensará.

(Mateus 6:3,4)

O Senhor deixa bem claro em sua Palavra que odeia a hipocrisia, sobretudo porque ela afasta as pessoas do Senhor. Assim, Pai, oro para que modere minha tendência natural de buscar reconhecimento pelas boas coisas que o Senhor me permite fazer. Não quero ser um impostor, mas também não quero ser um caçador de glórias. Preencha-me com seu Espírito e me ensina a seguir seu exemplo em dar, com satisfação, toda a glória a seu Filho. Em nome de Jesus eu oro, amém.

Capítulo 10

Defenda os que nada têm

Suas viúvas estavam sendo esquecidas na distribuição diária de alimento.

Atos 6:1

Jim Wallis deu algumas tesouradas em sua Bíblia. Era seminarista na Trinity Evangelical Divinity School, em Illinois, Estados Unidos, quando ele e alguns colegas decidiram eliminar alguns versículos. Realizaram cortes em todos os 66 livros, começando com Gênesis e não parando senão no Apocalipse. Todo versículo que falasse sobre pobreza, riqueza, justiça ou opressão era cortado por eles. Queriam ver como seria uma Bíblia sem compaixão. Quando terminaram, quase dois mil versículos jaziam no chão, e o que sobrou foi um livro de páginas esfarrapadas.[1]

Corte da Bíblia a preocupação com os pobres e você terá cortado seu cerne. Deus fez dos pobres sua prioridade. Quando o faminto ora, ele ouve. Quando os órfãos choram, ele vê. E quando as viúvas de Jerusalém foram esquecidas, ele encarregou seus melhores e mais brilhantes discípulos de ajudá-las.

O crescimento rápido da igreja gerou pessoas necessitadas, e entre as pessoas necessitadas estavam as viúvas. Elas não tinham recursos nem rendas. Quando sepultaram seus maridos, sepultaram também a segurança financeira. Havia apoio do governo? Pensão da seguridade social? Uma Corporação de Trabalho para Viúvas? Não havia nada. De acordo com a cultura daqueles dias, eram os familiares que providenciavam o sustento. Mas os familiares renunciavam aos parentes cristãos, deixando as viúvas da igreja com apenas um lugar ao qual recorrer: a igreja. A congregação respondia com uma distribuição diária de alimentos, roupas e dinheiro.

Foi quando os problemas começaram.

Naqueles dias, crescendo o número de discípulos, os judeus de fala grega entre eles queixaram-se dos judeus de fala hebraica, porque suas viúvas estavam sendo esquecidas na distribuição diária de alimento (Atos 6:1).

As viúvas de fala grega foram negligenciadas. Por quê? Eram intrusas. Imigrantes. Essas mulheres não cresceram na Judeia ou na Galileia. Acorriam de terras distantes da Grécia, de Roma e da Síria. Se falavam aramaico era com um sotaque forte. Por consequência, "eram desprezadas na distribuição diária de alimento" (AEC). O condutor do reboque com alimentos pulava a casa delas. O gerente da despensa alimentícia permitia que as mulheres hebraicas escolhessem primeiro. O diretor separava os pedidos em duas pilhas: nativos e imigrantes.

Como a igreja respondia? Estou imaginando um chamado "encontro dos apóstolos", um círculo de rostos barbudos: André, João, Pedro, Tomé e os demais. Ouviram as preocupações das mulheres e ponderaram as suas opções. Eles poderiam desprezá-las completamente. Poderiam ignorar os necessitados, negligenciar os negligenciados. Afinal, os apóstolos eram líderes espirituais, alimentavam almas, não estômagos. Lidavam com assuntos relacionados a pecado e salvação, não a sandálias e sopas. Eles não poderiam desprezar a disparidade como se fosse uma preocupação supérflua? Poderiam, exceto por um problema: seu Mestre não a desprezou.

Jesus, já na primeira mensagem, declarou sua paixão pelos pobres. No início do seu ministério, ele voltou para a cidade natal, Nazaré, para fazer um discurso inaugural heterogêneo. Ele entrou na mesma sinagoga à qual tinha ido quando garoto e olhou nos rostos dos aldeãos. Era um povo simples: cortadores de pedras, carpinteiros e artesãos. Sobreviviam de salários mínimos e viviam sob a sombra da opressão romana. Não havia muitas novidades em Nazaré.

Mas esse dia foi especial. Jesus estava na cidade. O garoto de cidade pequena que fizera sucesso. Pediram-lhe para ler as Escrituras e ele aceitou. "Foi-lhe entregue o livro do profeta Isaías. Abriu-o e encontrou o lugar onde está escrito" (Lucas 4:17).

Esse é um momento único em todos os evangelhos. Jesus *citou* as Escrituras várias vezes. Mas o Filho de Deus escolhendo e lendo as Escrituras? Esta é a questão. Nessa ocasião singular que conhecemos, que versículo Jesus escolheu? Ele abriu o pergaminho até o fim do texto e leu: "O Espírito do Senhor está sobre mim, porque ele me ungiu para pregar boas novas aos pobres. Ele me enviou para proclamar liberdade aos presos e recuperação da vista aos cegos, para libertar os oprimidos" (Lucas 4:18, citando Isaías 61:1).

Jesus ergueu os olhos do pergaminho e citou o resto das palavras. A multidão, que amava aquelas palavras tanto quanto ele, balbuciou com ele os versos. "Para proclamar liberdade aos presos e recuperação da vista aos cegos, para libertar os oprimidos e proclamar o ano da graça do Senhor" (Lucas 4:18,19).

Jesus tinha uma plateia em vista. Os pobres. Os presos. Os cegos e oprimidos.

Qual era a sua lista de coisas a fazer? Ajudar o corpo *e* a alma, fortalecer o físico *e* o espírito, terapia para o temporal *e* o eterno. "Essa é a minha declaração de intenções", Jesus afirmaria. O Manifesto de Nazaré.

Pregar as boas-novas aos pobres.

Proclamar liberdade aos presos.

Recuperar a vista dos cegos.

Libertar os oprimidos.

E proclamar o ano da graça do Senhor.

"O ano da graça do Senhor" descreve, talvez mais do que quaisquer outras palavras, o compromisso radical de Jesus para com os pobres. Elas evocam o ano do Jubileu, uma celebração que acontece duas vezes a cada século para apertar o botão de reinício no mecanismo de justiça.[2] Começando no Dia do Perdão, todos os campos foram autorizados a descansar. Nenhuma atividade agrícola era permitida. As terras esgotadas poderiam se recuperar de 49 anos de plantios e colheitas.

Além disso, todos os escravos foram libertados. Quem tinha sido vendido como escravo ou quem tinha se vendido como escravo para pagar uma dívida foi libertado. Fim do cativeiro.

E como se o solo sabático e a emancipação escrava não fossem suficientes, todas as propriedades retornavam a seus donos originais. Na sociedade agrícola, terra era capital. As famílias podiam perder suas terras por causa de calamidades, doenças ou mesmo preguiça. O Jubileu garantia que cada família, pelo menos duas vezes a cada século, tivesse a oportunidade de se recuperar.

Pense no impacto desse decreto de Jubileu. A seca destrói a colheita de um agricultor e deixa a família empobrecida. A fim de sobreviver, o agricultor resolve vender a sua propriedade e trabalhar como diarista. Um investidor esperto está atacando a região e compra a fazenda e também a dos vizinhos. Dentro de pouco tempo, o incorporador passa a ter um monopólio, e o agricultor fica só com um Deus lhe pague.

Mas então chega o ano do Jubileu, que um acadêmico descreveu como uma "revolução pontualmente agendada".[3] Deus chacoalha a lousa mágica e todos recebem uma tela em branco. Essa injunção tinha como fim impedir uma classe baixa permanente, de pobres e escravos. As pessoas ainda podiam ser ricas, muito ricas, mas não podiam construir sua fortuna à custa dos muito pobres.

Até onde sabemos, o povo de Israel jamais praticou o ano do Jubileu. Mesmo assim, Jesus fez alusão a ele em seu discurso inaugural. O que isso diz sobre o coração de Deus? Pelo menos isto: ele valoriza a equidade. Em sua sociedade, os que têm muito e os que têm pouco nunca estão distantes demais a ponto de não conseguirem enxergar uns aos outros.

Conseguem ver uns aos outros hoje?

Não muito bem. Segundo o Relatório de Desenvolvimento Humano das Nações Unidas, três quartos da renda mundial vão para 20% da população do planeta.[4] Como as estatísticas podem ser estanques, pense no exemplo a seguir.

Dez produtores de leite ocupam o mesmo vale. No total, possuem dez vacas leiteiras. Mas as vacas não estão distribuídas igualmente entre os dez fazendeiros, ou seja, não há uma vaca para cada um. É assim: dois fazendeiros possuem oito vacas e os outros oito dividem duas vacas. Será que isso parece justo?

Os dois que possuem as oito vacas poderiam dizer: "Eu trabalhei para conseguir as minhas vacas." Ou: "Não tenho culpa de ter mais vacas." Talvez devêssemos fazer esta pergunta: por que algumas pessoas têm tanto e a maioria tem tão pouco?

Passei a maior parte de uma manhã pensando no caso de Dadhi, que tem umas terras na Etiópia. Dadhi é um marido e um pai forte, e lutador. Mas seu casebre de chão de terra caberia facilmente na minha garagem. Os cestos feitos a mão por sua mulher enfeitam as paredes. Os colchonetes de palha são enrolados e guardados nos cantos, esperando cair a noite, quando então os sete membros da família vão dormir em cima deles. Os cinco filhos de Dadhi sorriem e o abraçam com força. Eles não sabem o quanto são pobres.

Dadhi sabe. Ele ganha menos de um dólar por dia em uma roça perto dali. Antes, trabalhava em sua própria terra, mas uma praga custou a vida do seu boi; seu único boi. Sem boi, ele não consegue arar. Sem terra arada, não pode semear. Se não consegue semear, não pode colher.

Tudo o que ele precisa é de um boi.

Dadhi é dinâmico e habilidoso. Já teve um negócio e tem sido fiel à sua mulher. Nunca cometeu um crime. Os vizinhos o respeitam. Ele parece tão inteligente quanto eu, provavelmente mais ainda. Eu e ele compartilhamos das mesmas aspirações e dos mesmos sonhos. Esbocei uma tabela listando alguns dos nossos atributos.

Atributos	Dadhi	Max
Fisicamente capaz	x	x
Disposto a trabalhar	x	x
Capacitado para fazer um trabalho	x	x
Ama a família	x	x
Sóbrio e livre de drogas	x	x
Boa reputação	x	Diga-me você

Temos muito em comum. Então, por que a disparidade? Por que Dadhi leva um ano para ganhar o que eu posso gastar em um casaco esporte?

Parte dessa resposta complexa é: ele nasceu no lugar errado. Ele é, como disse Bono Vox, "um acidente de latitude".[5] Uma latitude em que não existem seguro-desemprego, auxílio-doença, universidades gratuitas, seguridade social e programas de ajudas governamentais. Uma latitude extremamente carente de bibliotecas, vacinação, água limpa e estradas pavimentadas. Já me beneficiei de tudo isso. Dadhi não tem nada.

No jogo da vida, muitos dos que marcam gols o fazem por nascerem na marca do pênalti. Outros nem no banco de reservas estão.

Você não tem de viajar dezesseis horas de avião para encontrar um Dadhi, ou vários. Eles vivem em abrigos pelos quais você passa a caminho do trabalho, reunidos no escritório do desemprego da esquina. São os pobres, os presos, os oprimidos e os cegos.

Algumas pessoas são pobres por preguiça; só precisariam se mexer. Outras, no entanto, são pobres porque os parasitas enfraquecem o corpo delas, porque elas gastam seis horas por dia para pegar água, porque os exércitos rebeldes saquearam suas terras ou porque a AIDS levou seus pais.

Tais pessoas não poderiam se valer do Jubileu?

Claro que sim. Então...

Primeiro, *deixe a igreja agir em favor dos pobres*. Os apóstolos agiram. "Por isso os Doze reuniram todos os discípulos" (Atos 6:2). Convocaram toda a igreja. O problema da iniquidade justificou um debate amplo. Os líderes queriam que todos os membros soubessem que essa igreja levava a pobreza a sério. A solução final para a pobreza é encontrada na compaixão do povo de Deus. As Escrituras apoiam não o comunismo forçado mas o voluntarismo conduzido pelo Espírito entre o povo de Deus.

Segundo, *deixe que o mais brilhante entre nós nos oriente*. "Irmãos, escolham entre vocês sete homens de bom testemunho, cheios do Espírito e de sabedoria. Passaremos a eles essa tarefa" (Atos 6:3).

A primeira reunião da igreja levou à primeira força-tarefa. Os apóstolos liberaram as melhores pessoas para assumir o problema maior. O desafio exige isso. "A pobreza é como a ciência espacial", disse-me Rich Stearns, presidente da Visão Mundial nos Estados Unidos. Soluções simples simplesmente não existem. Muitos não sabem o que fazer em relação à avalanche da dívida pública, à patente de medicamentos que podem salvar vidas, à corrupção nos portos e ao rapto de crianças. Muitos não sabem o que fazer, mas alguém o faz!

Algumas pessoas estão empregando cada tantinho da sabedoria dada por Deus na resolução de tais problemas. Precisamos de organizações especializadas, como a Visão Mundial, a Compaixão Internacional, a Água Viva e a Missão Justiça Internacional. Precisamos dos nossos melhores e mais brilhantes para dar continuidade ao legado da força-tarefa de Jerusalém de Atos 6.

E mais uma ideia. *Deixe a indignação aflorar*. Irrite-se o suficiente para responder. A raiva justa faria um grande bem ao mundo. A pobreza não é a falta de caridade, mas a falta de justiça. Por que duas pessoas têm oito vacas enquanto as outras dividem apenas duas? Por que um bilhão de pessoas vai para a cama com fome toda noite?[6] Por que cerca de 30 mil crianças morrem por dia, uma a cada três segundos, de fome e doenças evitáveis?[7] Simplesmente não é justo. Por que não fazer alguma coisa a respeito?

Repetindo, ninguém pode fazer tudo, mas todos podem fazer alguma coisa. Alguns podem jejuar e orar pelo pecado social. Outros podem estudar e dizer o que pensam. E você? Saia da sua zona de conforto, em nome de Cristo. Por que não ensinar em um grupo de estudo bíblico na periferia? Por que não usar suas férias para construir casas nas cidades devastadas por fenômenos da natureza? Por que não se candidatar a um cargo público? Por que não ajudar um lavrador a ter um boi?

Falando nisso, recebi um bilhete de Dadhi outro dia. Veio com uma foto dele ao lado de um novo membro da família. Um integrante com 140 quilos e quatro patas. Ambos estavam sorrindo. Acho que Deus também estava.

A religião que Deus, o nosso Pai, aceita como pura e imaculada é esta: cuidar dos órfãos e das viúvas em suas dificuldades e não se deixar corromper pelo mundo.

(TIAGO 1:27)

Querido Deus, Jesus assegurou que sempre teríamos necessitados entre nós. Ajude-me a ter certeza de que o inverso também é verdade, de que eu estarei sempre entre os necessitados, ajudando, incentivando e estendendo a mão quando puder. Capacite-me a amar o Deus invisível ao servir aos pobres bem visíveis nas esquinas do meu mundo. Ajude-me a ser criativo sem ser condescendente, incentivador sem ser narcisista, destemido sem ser imprudente. Que os pobres possam louvá-lo por causa de mim e que os meus esforços possam de alguma maneira reduzir o número de pobres. Em nome de Jesus eu oro, amém.

Capítulo 11

Lembre-se de quem segura você

"O céu é o meu trono, e a terra, o estrado dos meus pés.
Que espécie de casa vocês me edificarão?" diz o Senhor,
"ou onde seria meu lugar de descanso? Não foram as
minhas mãos que fizeram todas estas coisas?"

Atos 7:49,50

Quando tinha três anos, o meu sobrinho Lawson me pediu para jogar basquete. O pequeno louro e irrequieto adora qualquer coisa redonda e saltitante. Quando viu a bola de basquete e o cesto na minha garagem, ele não pôde resistir.

A bola, no entanto, era maior que a caixa torácica do garoto. O cesto tinha o triplo da sua altura. Seus melhores arremessos não chegavam nem perto do objetivo. Então, resolvi ajudá-lo. Baixei o cesto de três metros para dois metros. Levei-o mais para perto do alvo. Mostrei-lhe como flexionar os joelhos para dar impulso à bola. Nada ajudava. A bola nem passava perto da rede. Então eu o levantei. Com uma mão em suas costas e a outra debaixo do bumbum, o ergui até que os olhos dele ficassem na mesma altura do aro.

— Faça uma cesta, Lawson! — gritei. E ele fez. Rolou a bola sobre a argola de ferro, e ela caiu. *Vuuush!* E como o pequeno Lawson respondeu? Ainda amparado pelas minhas mãos, ele ergueu os punhos para o alto e declarou:

— Consegui sozinho! Consegui sozinho!

Um pouco de exagero, não acha, rapazinho? Afinal, quem o segurou? Quem o manteve firme? Quem lhe mostrou que o caminho? Você não está se esquecendo de alguém?

Estêvão fez as mesmas perguntas aos líderes religiosos judeus.

Ele era um dos sete homens encarregados de cuidar das viúvas gentias. Lucas o descreve como um "homem cheio da graça e do poder de Deus, [que] realizava grandes maravilhas e sinais entre o povo" (Atos 6:8). Seu ministério, no entanto, provocou antagonismo. Um grupo de inimigos invejosos o acusou falsamente de blasfêmia. Eles o escoltaram até o conselho do Sinédrio e exigiram que se defendesse. Mas nunca se defendeu!

Estêvão causou alvoroço antes mesmo de abrir a boca. "Olhando para ele, todos os que estavam sentados no Sinédrio viram que o seu rosto parecia o rosto de um anjo" (Atos 6:15). Bochechas coradas. Luz emanando pelos poros do seu rosto. Será que sua barba brilhava? Será que os céus o banharam em um túnel de luz? Não sei como imaginar a cena. Mas sei como interpretá-la. Era Deus falando. O sermão emerge não da cabeça de Estêvão, mas do coração de Deus. Cada vogal, cada consoante e cada pigarro para limpar a garganta eram dele. Essa mensagem não foi casual.

Também não foi uma mensagem de pouco peso. Cinquenta e dois versículos conduziram os ouvintes de Abraão a Jesus. Dois mil anos de história hebraica resultaram em uma acusação: "Estão se esquecendo de quem segura vocês."

Estêvão começou com a concessão de terra feita por Deus.

O Deus glorioso apareceu a Abraão, nosso pai, estando ele ainda na Mesopotâmia, antes de morar em Harã, e lhe disse: "Saia da sua terra e do meio dos seus parentes e vá para a terra que eu lhe mostrarei." Então ele saiu da terra dos caldeus e se estabeleceu em Harã. Depois da morte de seu pai, Deus o trouxe a esta terra, onde vocês agora vivem (Atos 7:2-4).

A única razão pela qual os judeus desfrutaram de um centímetro quadrado de terra foi a bondade de Deus. Ele "apareceu", "disse", "prometeu", "falou" e "deu" (versículos 2, 3, 5, 6, 8). Mesmo assim, os filhos de Abraão quase a desperdiçaram. Eles venderam o irmão como escravo para o Egito, repartiram o lucro e maquinaram uma história sobre uma morte acidental. A família conviveu com a mentira durante décadas (cf. Atos 7:9-15). É dessa forma que se comportam as pessoas escolhidas por Deus?

Mas Deus interveio. "Deus estava com ele", "o libertou", "dando a José favor e sabedoria" e "o tornou governador" (versículos 9, 10). Quando as pessoas se esqueceram de Deus, Deus perseguiu as pessoas.

Estêvão continuou com a história de Moisés, "que era uma linda criança" (Atos 7:20, NTLH). Contou sobre a infância de Moisés dentre os egípcios, seus quarenta anos de isolamento e seu papel como governante e salvador.

[Moisés] os tirou de lá, fazendo maravilhas e sinais no Egito, no mar Vermelho e no deserto durante quarenta anos. [...]

Ele estava na congregação, no deserto, com o anjo que lhe falava no monte Sinai e com os nossos antepassados, e recebeu palavras vivas, para transmiti-las a nós (Atos 7:36,38).

Mais uma vez, Deus foi o Grande Iniciador. Ele colocou Moisés no seio familiar do faraó e o educou nas melhores escolas do Egito. Treinou-o no que diz respeito ao deserto e o muniu com o poder de separar o mar Vermelho. Deus deu alimentos no deserto e a lei no monte. E como as pessoas responderam? Esqueceram-se dele. Exigiram as passagens de volta para o Egito. Na verdade, fizeram este pedido:

"Faça para nós deuses que nos conduzam, pois a esse Moisés que nos tirou do Egito, não sabemos o que lhe aconteceu!" Naquela ocasião fizeram um ídolo em forma de bezerro. Trouxeram-lhe sacrifícios e fizeram uma celebração em honra ao que suas mãos tinham feito.

Mas Deus afastou-se deles (Atos 7:40-42).

A mensagem de Estêvão ecoava como as batidas de um tambor na sala da assembleia. *Nossos ancestrais se esqueceram de quem nos trouxera até aqui. Esqueceram-se de quem nos carregou. Afastaram-se de Deus, e agora vocês tentaram colocá-lo em uma caixa!*

No deserto os nossos antepassados tinham o tabernáculo da aliança [...]. Esse tabernáculo permaneceu nesta terra até a época de Davi, que encontrou graça diante de Deus e pediu que ele lhe permitisse providenciar uma habitação para o Deus de Jacó. Mas foi Salomão quem lhe construiu a casa (Atos 7:44-47).

Estêvão não estava mostrando desrespeito para com o tabernáculo ou o templo. Ambos foram construídos de acordo com a vontade de Deus. O equívoco não estava na construção dos locais de culto, mas em pensar que as estruturas podiam conter Deus.

Todavia, o Altíssimo não habita em casas feitas por homens. Como diz o profeta: *"O céu é o meu trono, e a terra, o estrado dos meus pés. Que espécie de casa vocês me edificarão? diz o Senhor, ou, onde seria meu lugar de descanso? Não foram as minhas mãos que fizeram todas estas coisas?"* (Atos 7:48-50).

Tradução? Deus não pode ser localizado. Ele não tem endereço. Ninguém tem o monopólio sobre ele. Nenhum templo pode contê-lo.

Essas palavras não caíram bem no Sinédrio. O templo era o orgulho do povo: pedras enormes, ouro reluzente, arcos grandiosos e, principalmente, o Santíssimo — a casa de Deus. Os judeus escreviam no para-choque de seus carros de boi: "Não mexa com o templo." Mesmo assim, Estêvão desafiou os grandes egos com uma questão gigantesca: *Vocês se esqueceram do quanto Deus é grande.*

Nada ia bem até agora. Vocês se vangloriam de uma terra que não conquistaram, de uma lei que não seguiam e de uma caixa de pedra que não continha nem o dedo mínimo de Deus. Sua visão de si mesmos? Muito grande. Sua visão de Deus? Muito pequena. Tão pequena que o perderam quando vinham para a cidade.

Qual dos profetas os seus antepassados não perseguiram? Eles mataram aqueles que prediziam a vinda do Justo, de quem agora vocês se tornaram traidores e assassinos, vocês, que receberam a Lei por intermédio de anjos, mas não lhe obedeceram (Atos 7:52,53).

Estêvão poderia muito bem ter dito aos confederados que "Dixie" era uma música de bar dos ianques.[1] O conselho se levantou em fúria. Eles "rangiam os dentes contra ele" (Atos 7:54). Exibiram seus caninos como chacais famintos se lançando sobre carne fresca. "Mas eles taparam os ouvidos e, dando fortes gritos, lançaram-se todos juntos contra ele, arrastaram-no para fora da cidade e começaram a apedrejá-lo" (Atos 7:57,58).

Que coisa assustadora, tal soberba. Era melhor matar a verdade a pensar nela.

E não é que ela se apossa de nós sorrateiramente? Começamos a jornada espiritual como pessoas insignificantes. O ato de conversão é humilhante. Confessamos nossos pecados, imploramos misericórdia, dobramos os joelhos. Deixamos que alguém se rebaixe a nós nas águas do batismo. Começamos como almas modestas. Crianças tímidas que estendem as mãos imundas ao nosso Deus sem pecado. Nós nos relacionamos com o ladrão na cruz, nos identificamos com o adultério perdoado de Davi e encontramos esperança na traição absolvida de Pedro. Desafiamos a reivindicação de Paulo para o título de chefe dos pecadores, nos perguntando se alguém poderia carecer de graça ou acumular graça tanto quanto nós.

Achegamo-nos a Deus humildemente. Sem arrogância, sem vanglória, sem afirmar "consegui sozinho". Não fazemos pose de campeão e não reivindicamos vitórias. Colocamos corações maculados na palma das mãos e os oferecemos a Deus como uma flor pisada e sem perfume: "Você pode dar vida a isto?"

E ele dá. *Ele* dá. Não nós. Ele realiza o milagre da salvação. Mergulha-nos em misericórdia. Costura a nossa alma esfarrapada. Deposita seu Espírito e implanta dons divinos. O nosso grande Deus abençoa a nossa pequena fé.

Entendemos os papéis. Ele é a Via Láctea. Nós somos como pulgas na areia. Ele é o U2; nós somos uma banda de garagem. Tudo bem. Precisamos de um Deus grande porque fizemos uma grande bagunça da nossa vida.

Aos poucos o nosso grande Deus nos muda. E, em sinal de agradecimento, cobiçamos menos e amamos mais, censuramos menos e olhamos mais para o céu. Pagamos as contas, damos atenção ao cônjuge, respeitamos os pais. As pessoas notam a diferença. Aplaudem-nos. Promovem-nos. Admiram-nos. Apontam-nos. Atrevemo-nos a fazer a nossa vida valer a pena. Nós — que viemos a Cristo como pecadores, maculados e pequenos — fazemos coisas. Construímos orfanatos, administramos empresas, libertamos o desorientado da depressão e o enfermo da doença. Ora, até escrevemos livros! Não nos sentimos mais tão pequenos. As pessoas falam de nós como se fôssemos alguma coisa especial.

— Você tem grande influência.

— Que fé sólida você tem.

— Precisamos de pessoas abençoadas como você.

Muito bem. A fama se transforma em degraus de escada, e começamos a nos elevar. Livramo-nos da nossa pequenez, tiramos os óculos de Clark Kent e revestimo-nos com ares de Super-Homem. E nos esquecemos. Esquecemo-nos de quem nos trouxe até aqui.

Nós nos comportamos como o carrapato na orelha do elefante. O animal gigante se separou da manada e atravessou uma ponte de madeira. A ponte, já gasta pelo uso, balançou e gemeu, mal suportando o peso. Quando chegaram ao outro lado, o carrapato estufou o peito e disse: "Rapaz, nós balançamos essa ponte."[1]

Achamos que estamos balançando o mundo, quando na verdade estamos apenas curtindo o passeio.

Mas é preciso lembrar. "Pensem no que vocês eram quando foram chamados" (1 Coríntios 1:26). Lembre-se de quem segurou você no começo. Lembre-se de quem segura você hoje.

Moisés lembrou. Ele serviu como príncipe do Egito e libertador dos escravos, embora fosse "um homem humilde, o mais humilde do mundo" (Números 12:3, NTLH). O apóstolo Paulo sabia se portar de forma humilde. Ele foi salvo por intermédio de uma visita pessoal de Jesus, que lhe concedeu uma visão do paraíso e a capacidade de ressuscitar os mortos. Mas quando se apresentava, dizia simplesmente: "Eu, Paulo, servo de Deus" (Tito 1:1). João Batista era parente de sangue de Jesus e um dos evangelistas mais famosos da história. Mas é lembrado nas Escrituras como aquele que determinou: "É necessário que ele cresça e que eu diminua" (João 3:30).

E John Newton? Esse ex-comerciante de escravos serviu como ministro de 1764 até sua morte, em 1807. Foi confidente de líderes conhecidos, tais como Hannah More e William Wilberforce. Suas centenas de hinos enchem as igrejas de música. Ainda no leito de morte o escritor do hino *Amazing Grace* [Maravilhosa graça] disse estas palavras a um jovem ministro: "Eu estou indo na frente, mas logo você vai vir atrás de mim. Quando você chegar, a nossa amizade, sem dúvida, fará com que você pergunte por mim. Mas já posso dizer-lhe aonde provavelmente vai me encontrar. Vou estar sentado aos pés do ladrão a quem Jesus salvou em seus últimos momentos na cruz."[2]

John Newton jamais se esqueceu de quem o ergueu.

O maior exemplo dessa humildade não é nenhum outro senão Jesus Cristo. Quem tinha mais motivo para se vangloriar do que ele? No entanto, nunca o fez. Ele caminhou sobre as águas, mas nunca desfilou pela praia. Transformou um cesto em banquete, mas nunca pediu aplausos. Um libertador e um profeta vieram visitá-lo, mas ele nunca mencionou nomes em seu sermão. Bem que poderia. "Um dia desses estava conversando com Moisés e Elias...". Mas Jesus nunca bateu no peito. Ele se recusava até a ficar com o crédito. "Por mim mesmo, nada posso fazer" (João 5:30). Ele era totalmente dependente do Pai e do Espírito Santo. "Consegui sozinho"? Jesus nunca disse essas palavras. Se ele não as disse, como nos atrevemos a falar?

Podemos sentir muito orgulho, mas jamais nos humilhamos o suficiente. Que talento você está dando que ele não lhe deu primeiro? Que verdade você está ensinando que ele não ensinou primeiro? Você ama. Mas quem o amou primeiro? Você serve. Mas quem serviu mais? O que você está fazendo por Deus que ele não poderia fazer sozinho?

Quanta bondade da parte dele em nos usar. Quanta sabedoria a nossa de nos lembrarmos disso.

Estêvão se lembrou. E, por ter se lembrado de Jesus, Jesus se lembrou dele. Enquanto seus acusadores pegavam as pedras, Estêvão olhou para Cristo. "Estêvão, cheio do Espírito Santo, levantou os olhos para o céu e viu a glória de Deus, e Jesus em pé, à direita de Deus" (Atos 7:55).

Estêvão se levantou em nome de Cristo e, no fim, Cristo devolveu o favor.

Por acaso não foi Deus quem lhe deu tudo o que você tem? Então por que é que você fica todo orgulhoso como se o que você tem não fosse dado por Deus?

(1 Coríntios 4:7, NTLH)

Meu Pai, desejo que a atitude de João Batista seja a minha atitude: que Jesus possa crescer na medida em que eu diminuo. Dê-me um retrato cada vez maior do Senhor para que eu possa me ver com clareza cada vez maior e, assim, ter mais motivo para desfrutar de cada dia na sua maravilhosa graça. Afaste o orgulho tolo de mim, e me dê a sabedoria de humilhar-me de forma saudável para trazer força e alegria a todos que me cercam. Lembre-me constantemente de que é o Senhor que segura a minha vida, o meu sopro e o meu futuro eterno em suas mãos amorosas, que cada coisa boa que eu tenho vem das suas mãos. Nunca me deixe esquecer de que sem o Senhor nada posso fazer, mas em Cristo posso fazer todas as coisas. A diferença é o Senhor. Em nome de Jesus eu oro, amém.

Capítulo 12

Mande alguns muros pelos ares

“Olhe, aqui há água. Que me impede de ser batizado?”
Disse Filipe: “Você pode, se crê de todo o coração”.

Atos 8:36, 37

Os fãs torciam pela competição em si. As chefes de torcida torciam pelos dois times ao mesmo tempo. O técnico ajudava a equipe adversária a marcar pontos. Os pais soltavam gritos de entusiasmo pela simples disputa.

O que era aquilo?

Aquilo foi ideia de um generoso treinador de futebol americano de Grapevine, Texas. Kris Hogan comanda um projeto bem-sucedido na Faith Christian High School. Ele tem setenta jogadores, onze treinadores, equipamentos de qualidade e pais que se preocupam, fazem cartazes, participam dos encontros e não perderiam um jogo nem para ir ao próprio enterro.

Eles levaram a série de sete vitórias e apenas duas derrotas para um torneio com a Gainesville State School. Os jogadores da Gainesville, em contrapartida, usavam ombreiras de sete anos atrás e capacetes da década passada, além de se apresentar para os jogos usando algemas. Sua torcida não é formada pelos pais dos jogadores, mas por doze agentes carcerários devidamente uniformizados. Isso tudo porque Gainesville é uma unidade correcional de segurança máxima. A instituição não tem estádio, chefes de torcida nem esperança de vencer. Gainesville chegou para disputar o torneio com uma série de oito derrotas e nenhuma vitória. Haviam marcado apenas dois *touchdowns* durante o ano todo.

A situação toda não parecia justa. Então, o treinador Hogan bolou um plano. Ele pediu aos fãs que atravessassem o campo e, por uma noite apenas, torcessem para o outro lado. Mais de duzentos se apresentaram como voluntários.

Eles se agruparam na linha das quarenta jardas. Pintaram as palavras "Avante, Tornados!" em uma faixa para que o grupo de Gainesville botasse para quebrar. Sentaram-se no lado de Gainesville no estádio. E ainda aprenderam os nomes dos jogadores, para que pudessem torcer com mais pessoalidade.

Os prisioneiros tinham ouvido pessoas gritarem seus nomes, mas nada como aquilo. Gerald, um atacante que cumprirá pena de três anos, disse:

— As pessoas têm um pouco de medo de nós quando chegamos aos jogos. Você pode ver isso em seus olhos. Elas olham para nós como se fôssemos criminosos. Mas estas pessoas estão torcendo por nós. Estão gritando nosso nome!

Depois do jogo, as equipes se reuniram no centro do campo para fazer uma oração. Um dos jogadores encarcerados pediu para fazê-la. O treinador Hogan concordou, sem saber o que podia esperar.

— Senhor — disse o rapaz —, não sei como isso aconteceu, então não sei como agradecer; mas eu nunca soube que havia tantas pessoas no mundo que se preocupassem conosco.

Os fãs de Grapevine ainda não tinham terminado. Após o jogo, eles esperavam ao lado do ônibus de Gainesville para dar um presente de despedida a cada jogador — hambúrgueres, batatas fritas, doces, refrigerantes, uma Bíblia, uma carta de incentivo e uma salva de palmas. Enquanto o ônibus da prisão ia deixando o estacionamento, os jogadores pressionavam os rostos contra as janelas, admirados com o que tinha acabado de lhes acontecer.[1]

O que aconteceu foi que toparam com um esquadrão de peritos em demolição de intolerância. Sua tarefa? Reduzir preconceitos a pó. Suas armas? Uma saraivada de "Você ainda é importante" e "Alguém ainda se preocupa". Sua missão? Romper as barreiras que separam os filhos de Deus uns dos outros.

Há muros separando seu mundo em duas partes? Você está em um dos lados. E quem está do outro lado? A pessoa que você aprendeu a ignorar, talvez até a desprezar. O adolescente cheio de tatuagens, o patrão endinheirado, o imigrante cujo sotaque é difícil de entender, a pessoa que se contrapõe a você na política, O mendigo que senta do lado de fora da sua igreja toda semana.

Ou os samaritanos excluídos de Jerusalém.

Vamos falar sobre um muro, antigo e alto. "Os judeus", como escreveu João em seu evangelho, "não se dão bem com os samaritanos" (João 4:9). As duas culturas se odiavam há quase mil anos. A rixa envolvia alegações de deserção, casamentos mistos e deslealdade para com o templo. Os samaritanos foram parar na lista negra. Seus leitos e utensílios — até a saliva deles — foram considerados impuros.[2] Nenhum judeu ortodoxo passava por aquela região. A maioria dos judeus viajava o dobro do percurso, de bom grado, para não passar pela Samaria.

Jesus, porém, procedia de acordo com um conjunto de regras diferente. Ele passou a maior parte de um dia no território de uma mulher samaritana, bebendo água de sua concha, discutindo suas perguntas (cf. João 4:1-26). Jesus passou por cima do tabu cultural como se esse tabu fosse um cachorro dormindo na porta. Jesus ama derrubar barreiras.

Foi por isso que enviou Filipe a Samaria.

Indo Filipe para uma cidade de Samaria, ali lhes anunciava o Cristo. Quando a multidão ouviu Filipe e viu os sinais miraculosos que ele realizava, deu unânime atenção ao que ele dizia. Os espíritos imundos saíam de muitos, dando gritos, e muitos paralíticos e mancos foram curados. [...]

No entanto, quando Filipe lhes pregou as boas novas do Reino de Deus e do nome de Jesus Cristo, creram nele, e foram batizados, tanto homens como mulheres. (Atos 8:5-7,12).

A cidade explodiu em um reavivamento. Pedro e João ouviram falar daquela reação e viajaram de Jerusalém para Samaria a fim de confirmá-la. "Estes, ao chegarem, oraram para que eles recebessem o Espírito Santo, pois o Espírito ainda não havia descido sobre nenhum deles; tinham apenas sido batizados em nome do Senhor Jesus. Então Pedro e João lhes impuseram as mãos, e eles receberam o Espírito Santo" (Atos 8:15-17).

É uma reviravolta curiosa nos acontecimentos. Por que os samaritanos não tinham recebido o Espírito Santo? No dia de Pentecoste, Pedro prometeu o dom do Espírito para aqueles que se arrependessem e fossem batizados. Então, como podemos explicar o batismo dos samaritanos, que, de acordo com Lucas, não foi acompanhado pelo Espírito? Por que o atraso no dom?

Simples. Para comemorar a queda de um muro. O evangelho estava rompendo, pela primeira vez, um preconceito antigo. Deus marcou o momento com um desfile digno de banda de música e papel picado. Ele estendeu o tapete de boas-vindas e enviou seus apóstolos a fim de verificar o reavivamento e colocar as mãos sobre os samaritanos. Que não reste nenhuma dúvida: Deus aceita todas as pessoas.

Mas ele não tinha terminado. Enviou Filipe em uma segunda missão intercultural.

Um anjo do Senhor disse a Filipe: "Vá para o sul, para a estrada deserta que desce de Jerusalém a Gaza". Ele se levantou e partiu. No caminho encontrou um eunuco etíope, um oficial importante, encarregado de todos os tesouros de Candace, rainha dos etíopes. Esse homem viera a Jerusalém para adorar a Deus e, de volta para casa, sentado em sua carruagem, lia o livro do profeta Isaías. E o Espírito disse a Filipe: "Aproxime-se dessa carruagem e acompanhe-a" (Atos 8:26-29).

Muros separavam Filipe do eunuco. O etíope era de pele escura; Filipe era claro. O oficial era nativo da África distante; Filipe crescera nas proximidades. O viajante era rico o suficiente para viajar. E quem era Filipe senão um simples refugiado, banido de Jerusalém? E não podemos ignorar a questão delicada dos diferentes níveis de testosterona. Filipe, como ficamos sabendo depois, era pai de quatro filhas (cf. Atos 21:9). O oficial era um eunuco.

Não tinha esposa ou filhos nem planos de os ter. A vida dos dois homens não poderia ter sido mais diferente.

Filipe, porém, não hesitou. Ele "anunciou-lhe as boas novas de Jesus. Prosseguindo pela estrada, chegaram a um lugar onde havia água. O eunuco disse: 'Olhe, aqui há água. Que me impede de ser batizado?'" (Atos 8:35,36).

Não é uma pergunta trivial. Um oficial africano, negro, influente e efeminado vira para um cristão de Jerusalém, branco, modesto e viril, e pergunta: "Há alguma razão para que eu não possa ter o que você tem?".

E se Filipe tivesse dito: "Agora que você mencionou isso, sim. Desculpe. Não aceitamos gente do seu tipo"?

Mas Filipe, membro fundador da equipe dos demolidores de intolerância, dinamitou os muros e convidou: "'Você pode, se crê de todo o coração'. O eunuco respondeu: 'Creio que Jesus Cristo é o Filho de Deus'" (Atos 8:37).

O que ficamos sabendo a seguir é que o eunuco sai das águas do batismo assobiando "Jesus Me Ama", que Filipe parte para a sua próxima missão e que a igreja passa a ter seu primeiro convertido não judeu.

E ficamos um pouco zonzos. O que fazemos com um capítulo como este? Samaria. Pedro e João chegando. O Espírito Santo descendo. Gaza. O oficial etíope. Filipe. O que esses eventos nos ensinam? Eles nos ensinam o que Deus pensa sobre a pessoa do outro lado do muro.

Pois foi Cristo quem nos trouxe a paz, tornando os judeus e os não judeus um só povo. Por meio do sacrifício do seu corpo, ele derrubou o muro de inimizade que separava os judeus dos não judeus. [...] E dos dois povos formou um só povo, novo e unido com ele. Foi assim que ele trouxe a paz.

Pela sua morte na cruz, Cristo destruiu a inimizade que havia entre os dois povos. Por meio da cruz, ele os uniu em um só corpo e os levou de volta para Deus (Efésios 2:14-16, NTLH).

A cruz de Cristo cria um novo povo, um povo livre de cor de pele ou de rixas entre famílias. Um novo conjunto de cidadãos baseado não na ancestralidade nem na geografia em comum, mas em um Salvador em comum.

Meu amigo Buckner Fanning experimentou isso pessoalmente. Ele era fuzileiro naval durante a Segunda Guerra Mundial e estava baseado em Nagasaki três semanas após o lançamento da bomba atômica. Você consegue imaginar um jovem soldado americano no meio dos escombros e das ruínas da cidade destruída? Vítimas queimadas pela radiação vagando pelas ruas. Precipitação radioativa inundando a cidade. Corpos queimados em um caixão preto. Sobreviventes vasculhando as ruas, em busca de família, de comida, de esperança. O soldado vitorioso não sentia o triunfo, mas dor pelo sofrimento à sua volta.

Em vez de raiva e vingança, Buckner descobriu um oásis de graça. Enquanto patrulhava as ruas estreitas, encontrou uma placa com palavras conhecidas: Igreja Metodista. Ele observou o local e resolveu voltar na manhã do domingo seguinte.

Quando voltou, entrou em um prédio parcialmente desmoronado. Janelas despedaçadas. Paredes semidestruídas. O jovem marine caminhou sobre os escombros, sem saber como seria recebido. Mais ou menos quinze japoneses estavam arrumando as cadeiras e removendo o entulho. Quando o americano uniformizado entrou, todos pararam e se viraram.

Ele só sabia uma palavra em japonês. Ele a ouviu. *Irmão.* "Eles me acolheram como amigo", relata Buckner, a força do momento ainda ressoando mais de sessenta anos depois dos acontecimentos. Ofereceram-lhe um assento. Ele abriu a Bíblia e, sem entender o sermão, sentou e observou. Durante a comunhão, os fiéis lhe trouxeram o pão e o vinho. Nesse instante de silêncio, a inimizade entre seus países e a dor da guerra foram postas de lado enquanto um cristão servia ao outro o corpo e o sangue de Cristo.

Outro muro desmoronou.

Que muros existem em seu mundo?

Brian Overcast está derrubando muros em Morelia, no México. Como diretor do NOÉ Center (New Opportunities in Education) [Centro NOÉ (Novas Oportunidades em Educação)], Brian e sua equipe voltam-se para o problema da imigração ilegal a partir de um único ângulo. Os membros da equipe me contaram há pouco tempo: "Os mexicanos não querem atravessar a fronteira. Se pudessem ficar em casa, ficariam. Mas não podem porque não conseguem arranjar emprego. Então, ensinamos inglês para eles. Ao desenvolver habilidades linguísticas em inglês, podem ser aceitos em uma das universidades mexicanas de preço acessível e buscar uma carreira em casa. Os outros veem imigrantes ilegais; nós vemos oportunidades."

Mais um muro caindo.

Não podemos fazer a nossa vida valer a pena se não conseguirmos ir além dos nossos preconceitos. Quem são os samaritanos para você? Os eunucos etíopes? Você foi ensinado a desconfiar de quem? A evitar quem?

É hora de remover alguns tijolos.

Feliz será o dia em que Deus levar você para a sua Samaria, não tão distante em quilômetros, mas nos diferentes estilos, gostos, línguas e tradições.

E se você encontrar um eunuco etíope, tão diferente, mas tão sincero, não rejeite essa pessoa. Não deixe que classe social, raça, gênero, opinião política, geografia ou cultura obstrua o trabalho de Deus. Pois no fim o que importa é o seguinte: quando atravessamos o campo e torcemos pelo outro lado, todos saem ganhando.

Portanto, aceitem-se uns aos outros, da mesma forma que Cristo os aceitou, a fim de que vocês glorifiquem a Deus.

(Romanos 15:7)

Senhor, de quantas maneiras o meu coração tolo faz distinções falsas entre o seu povo? Revele-as para mim. Quantas vezes posso julgar alguém indigno do Senhor pela maneira como eu o trato? Repreenda-me em seu amor. Onde posso explodir um muro ou remover uma barreira que mantém seus filhos separados uns dos outros? Dê-me um pouco de dinamite e habilidade e coragem de usá-la para a sua glória. O que posso fazer na minha área de influência para levar o amor de Cristo a alguém que se sinta marginalizado ou distante da sua presença? Empreste-me uma visão divina e me abençoe com a resolução de ser suas mãos e seus pés. Que eu possa ser uma ponte e não um muro. Em nome de Jesus eu oro, amém.

Capítulo 13

Não dê ninguém por perdido

Irmão Saulo, o Senhor Jesus, que lhe apareceu no
caminho por onde você vinha, enviou-me para que você
volte a ver e seja cheio do Espírito Santo.

Atos 9:17

Ananias corre pelas ruas estreitas de Damasco. Sua barba densa e eriçada não esconde o seu semblante sério. Os amigos chamam quando ele passa, mas Ananias não para. Segue murmurando pelo caminho:

— Saulo? *Saulo*? De jeito nenhum. Não pode ser verdade.

Ele se pergunta se não teria ouvido mal as instruções. Pensa que deveria voltar e informar a sua mulher. Imagina que deveria parar e dizer a alguém aonde está indo para o caso de não voltar mais. Mas não faz nada disso. Os amigos o chamariam de tolo. Sua mulher lhe diria para não ir.

Mas ele tem de ir. Ananias atravessa correndo um pátio cheio de galinhas, camelos imponentes e pequenos jumentos. Passa pela loja do alfaiate e não responde ao cumprimento do curtidor. Continua correndo até chegar à rua chamada Direita. A hospedaria tem arcos baixos e quartos grandes com colchões. Bonita para os padrões de Damasco e certamente o local que qualquer pessoa de importância ou poder escolheria, e Saulo é tão importante quanto poderoso.

Ananias e os outros cristãos estavam preparados para a vinda de Saulo. Alguns discípulos saíram da cidade. Outros tinham ido se esconder. A reputação de Saulo como matador de cristãos o precedia. Mas a ideia de Saulo como seguidor de Cristo?

Essa foi a mensagem da visão. Ananias a repassa mais de uma vez.

Vá à casa de Judas, na rua chamada Direita, e pergunte por um homem de Tarso chamado Saulo. Ele está orando; numa visão viu um homem chamado Ananias chegar e impor-lhe as mãos para que voltasse a ver (Atos 9:11,12).

Ananias quase engasgou com o *matzá. Não é possível!* Ele lembrou Deus do coração duro de Saulo. "Senhor, tenho ouvido muita coisa a respeito desse homem e de todo o mal que ele tem feito aos teus santos em Jerusalém" (Atos 9:13). Saulo um *cristão*? Claro, assim que uma tartaruga aprender a dança do passo duplo.

Mas Deus não estava brincando. "Vá! Este homem é meu instrumento escolhido para levar o meu nome perante os gentios e seus reis, e perante o povo de Israel" (Atos 9:15).

Ananias repassa as palavras enquanto anda. O nome de Saulo não casa bem com *instrumento escolhido*. Saulo, o obtuso, sim. Saulo, o crítico, também. Mas Saulo, o instrumento escolhido? Ananias balança a cabeça ao pensar nisso. No momento, ele está no meio da rua Direita, e pensa seriamente em dar meia-volta e ir para casa. E teria feito isso se os dois guardas não o tivessem reconhecido.

— O que o traz aqui? — Eles gritam do segundo

andar. Estão em posição de sentido, com rostos gélidos de inquietação.

Ananias sabe quem são: soldados do tempo. Viajando com a tropa de Saulo.

— Fui enviado para ajudar o rabi.

Eles abaixam as espadas.

— Esperamos que consiga. Algo está acontecendo com ele. Não come nem bebe. Mal fala.

Agora, Ananias não pode mais voltar. Ele sobe os degraus de pedra. Os guardas se afastam e Ananias entra. Ele perde o fôlego com o que vê. Um homem abatido sentado de pernas cruzadas no chão, meio ofuscado por um raio de sol. Com o rosto fundo e os lábios secos, balança-se para frente e para trás, murmurando uma oração.

— Há quanto tempo ele está desse jeito?

— Três dias.

A cabeça de Saulo ergue-se ereta sobre seus ombros. Tem um nariz adunco e uma crista espessa como sobrancelhas. A comida no prato e a água no copo repousam intactas no chão. Seus olhos miram fixamente o vazio na direção de uma janela aberta. Uma película crostosa os recobre. Saulo nem afasta as moscas que pousam em seu rosto. Ananias hesita. Se isso for um cenário, ele é a história. Se não, o momento o é.

Esse encontro merece algo especial: um rufar de tambores, uma representação em um vitral de uma igreja, algumas páginas de um livro chamado *Você, em um banco de igreja?* Antes de lermos sobre Agostinho e a voz de criança[1] ou C.S. Lewis e os Inklings,[2] precisamos ler sobre Saulo, o Saulo teimoso, e o discípulo que se arriscou por ele.

Ninguém poderia culpar a relutância de Ananias. Saulo via os cristãos como mensageiros de uma calamidade. Ele estava perto do sumo sacerdote no julgamento de Estêvão. Tomou conta dos casacos dos atiradores de pedras durante a execução. Balançou a cabeça em aprovação no suspiro final de Estêvão. E, quando o Sinédrio precisou de um matador para aterrorizar a igreja, Saulo se adiantou. Ele se tornou o Anjo da Morte. Descia sobre os cristãos em fúria e "ainda respirava ameaças de morte contra os discípulos do Senhor" (Atos 9:1). Ele "perseguia com violência a igreja de Deus, procurando destruí-la" (Gálatas 1:13).

Ananias sabia o que Saulo fizera com a igreja de Jerusalém. O que ele estava prestes a aprender, no entanto, é o que Jesus fizera com Saulo na estrada para Damasco.

A viagem fora ideia de Saulo. A cidade tinha presenciado muitas conversões.

Quando a conversa sobre o reavivamento chegou até Saulo, ele fez um pedido: "Envie-me." Assim, o impetuoso jovem hebreu deixou Jerusalém, em sua primeira viagem missionária, determinado a pôr fim na igreja. A viagem até Damasco era longa, cerca de 240 quilômetros. Saulo andava a cavalo, provavelmente tomando o cuidado de desviar das aldeias dos gentios. Foi uma jornada sagrada.

Também foi uma viagem escaldante. A planície entre o monte Hermom e Damasco poderia derreter prata. O sol golpeava como lanças; o calor fazia ondas no horizonte. Em algum lugar dessa trilha ressequida, Jesus derrubou Saulo no chão e lhe perguntou: "Saulo, Saulo, por que você me persegue?" (Atos 9:4).

Saulo pressionou os olhos com os punhos, como se estivessem cheios de areia. Rolou sobre os joelhos e abaixou a cabeça no chão. "'Quem és tu, Senhor?' Ele respondeu: 'Eu sou Jesus, a quem você persegue'" (Atos 9:5). Quando Saulo levantou a cabeça para olhar, seus olhos não conseguiam ver nada. Ele estava cego. Tinha o olhar vago de uma estátua romana.

Os guardas correram para ajudar. Levaram-no para a hospedaria em Damasco e o ajudaram a subir as escadas.

Quando Ananias chega, o cego Saulo começara a ver Jesus sob uma luz diferente.

Ananias entra e senta-se no chão de pedra. Ele pega a mão daquele que já tinha sido um terrorista e sente-a tremer. Observa os lábios trêmulos de Saulo. Reparando que a espada e a lança descansavam no canto, Ananias percebe que Cristo já fez o trabalho. O que falta é Ananias mostrar a Saulo o próximo passo. "Irmão Saulo..." (como essas palavras devem ter parecido amáveis. Saulo certamente chorou ao ouvi-las.)

Irmão Saulo, o Senhor Jesus, que lhe apareceu no caminho por onde você vinha, enviou-me para que você volte a ver e seja cheio do Espírito Santo (Atos 9:17).

As lágrimas correm como uma maré contra as crostas nos olhos de Saulo. As escamas que os cobrem se soltam e caem. Ele pisca e vê o rosto do seu novo amigo.

Dentro de uma hora ele estará saindo das águas do batismo. Dentro de alguns dias estará pregando em uma sinagoga. O primeiro de milhares de sermões. Saulo logo se torna Paulo, e Paulo prega nas colinas de Atenas, escreve cartas para os internos nas prisões e, no final, gera toda uma descendência de teólogos, incluindo Tomás de Aquino, Lutero e Calvino.

Deus usou Paulo para tocar o mundo. Mas primeiro usou Ananias para tocar Paulo. Deus lhe deu uma tarefa similar? Deus lhe deu um Saulo?

Recentemente, uma mãe me falou sobre o filho. Ele está cumprindo pena em uma unidade de segurança máxima por roubo. Todo mundo, até mesmo o pai, desistiu do jovem. Mas a mãe tem um ponto de vista diferente. Ela acha mesmo que os melhores anos do filho ainda estão por vir.

— É um bom menino — disse ela com determinação. — Quando sair de lá, ele vai fazer alguma coisa da sua vida.

Outro Saulo, outro Ananias.

Encontrei um amigo em uma livraria. Há pouco tempo, ele comemorou o quinquagésimo aniversário de casamento. Encheu os olhos de lágrimas enquanto descrevia a santa com quem tinha se casado e o imbecil com quem sua mulher tinha se casado.

— Eu não acreditava em Deus. Não tratava as pessoas com respeito. Um mês e meio após o casamento, cheguei em casa um dia e a encontrei chorando na banheira pelo erro que tinha cometido. Mas ela nunca desistiu de mim.

Outro Saulo, outro Ananias.

E você? Todo mundo já desistiu do seu Saulo. "Ele está muito longe." "Ela é muito difícil... muito viciada... velha demais... muito fria." Ninguém faz uma oração por seu Saulo. Mas você está começando a perceber que talvez Deus esteja trabalhando nos bastidores. Talvez seja cedo demais para jogar a toalha... Você começa a acreditar.

Não resista a esses pensamentos.

José não resistiu. Seus irmãos o venderam como escravo para o Egito. Mesmo assim, ele os acolheu em seu palácio.

Davi não resistiu. O rei Saul tinha uma rixa com Davi, mas Davi sentia ternura por Saul. Ele o chamava de "o ungido do Senhor" (1 Samuel 24:10).

Oseias não resistiu. Sua mulher, Gômer, era a rainha da rua da luz vermelha, mas Oseias manteve a porta da frente aberta. E ela voltou para casa.

É claro que ninguém acreditava nas pessoas mais do que Jesus. Ele viu alguma coisa em Pedro que valia a pena desenvolver, viu alguma coisa nas adúlteras que valia a pena perdoar e em João que valia a pena aproveitar. Ele viu algo no ladrão na cruz, e o que viu valia a pena salvar. E na vida de um extremista sanguinário viu um apóstolo da graça. Ele acreditou em Saulo. E acreditou em Saulo por intermédio de Ananias.

"Irmão Saulo, o Senhor Jesus, que lhe apareceu no caminho por onde você vinha, enviou-me para que você volte a ver e seja cheio do Espírito Santo" (Atos 9:17).

Não desista do seu Saulo. Quando os outros o derem como perdido, ofereça-lhe outra chance. Seja firme. Chame-o de irmão. Chame-a de irmã. Conte a seu Saulo sobre Jesus, e ore. E lembre-se: Deus nunca o envia aonde ele já não tenha estado. Quando chegar a hora de entrar em contato com seu Saulo, quem sabe o que você vai encontrar?

Minha história preferida ao estilo da de Ananias envolve dois colegas de faculdade que eram companheiros de quatro. O Ananias da dupla era uma alma tolerante. Ele tolerava as bebedeiras do amigo quando ele chegava tarde da noite, seus vômitos de madrugada e os cochilos durante o dia. Não reclamava quando o amigo desaparecia no fim de semana ou fumava no carro. Ele podia ter pedido um colega de quarto que fosse mais à igreja ou que atormentasse menos ou que se preocupasse com outra coisa que não fosse impressionar as garotas.

Mas ele se ligou a seu Saulo pessoal, parecendo pensar que algo de bom poderia acontecer se o camarada retomasse a sua vida. Então, continuou limpando a bagunça, continuou convidando o companheiro de quarto para ir à igreja e cobrindo suas costas.

Não me lembro de uma luz brilhante ou de uma voz alta. Nunca percorri uma estrada deserta para Damasco. Mas me lembro bem de Jesus invadindo minha fortaleza e jogando luz sobre mim. Demorou quatro semestres, mas o exemplo de Steve e a mensagem de Jesus finalmente me atingiram.

Então, se este livro exalta seu espírito, você pode agradecer a Deus por meu Ananias, Steve Green. Mais do isso: você pode ouvir a voz em seu coração e procurar no seu mapa uma rua chamada Direita.

Mas por isso mesmo alcancei misericórdia, para que em mim, o pior dos pecadores, Cristo Jesus demonstrasse toda a grandeza da sua paciência, usando-me como um exemplo para aqueles que nele haveriam de crer para a vida eterna.

(1 TIMÓTEO 1:16)

Ao longo dos séculos o Senhor tem demonstrado repetidas vezes que *ninguém* está além do alcance da sua graça. Quem eu vejo como perdido em minha vida? Que homem ou mulher que hoje parecem estar longe do Senhor quer que eu traga para a sua família, em parte por meu intermédio? Qual "Saulo" está lá fora para quem eu poderia me tornar um "Ananias"? Pai, oro para que mostre sua grandeza e seu poder usando-me de alguma maneira para apresentar um "candidato improvável" a seu Filho. Ajude-me a triunfar sobre os meus medos e a apagar as minhas concepções errôneas enquanto o Senhor trabalha por meu intermédio para trazer mais alguém, através da fé, ao círculo do seu amor. Em nome de Jesus eu oro, amém.

Capítulo 14

Você não é superior a ninguém

Mas Deus me mostrou que eu não deveria chamar
impuro ou imundo a homem nenhum.

Atos 10:28

MOLOKAI É UM RUBI SOBRE o colar de pérolas das ilhas havaianas. Os turistas procuram Molokai pelo charme tranquilo, pela brisa suave e pelo surfe agradável. Mas o padre Damien veio por um motivo diferente. Veio para ajudar as pessoas a morrer.

Ele veio a Molokai porque a lepra veio aqui primeiro. Ninguém sabe exatamente como a doença atingiu o Havaí. O primeiro caso registrado foi datado por volta de 1840. Mas, assim como ninguém consegue rastrear a origem da doença, também ninguém pode negar os seus resultados. Deformação, decomposição e pânico.

O governo respondeu com uma versão civil do Antigo Testamento: segregação. Depositaram os doentes em uma falha de terra triangular chamada Kalaupapa. Era uma prisão natural, cercada de três lados por água e do quarto lado pelo mais alto muro de mar aberto do mundo.

Difícil de chegar. Mais difícil ainda de sair.

Os leprosos passaram a existência reclusos em cabanas com o mínimo de alimentos. Os navios se aproximavam da costa e os marinheiros jogavam os suprimentos na água, esperando que as caixas flutuassem em direção à terra. A sociedade enviava uma mensagem clara aos leprosos: vocês não servem para nada.

Mas a mensagem do padre Damien era diferente. Ele já servira nas ilhas havia uma década, quando, em 1873, então com 33 anos, escreveu ao seu provincial se oferecendo: "Quero me sacrificar pelos leprosos pobres".

O padre Damien mergulhou no mundo deles, enfaixando feridas, abraçando crianças e enterrando mortos. Os membros do seu coro cantavam enrolados em trapos, e os congregados recebiam a comunhão com mãos mutiladas. Aquelas pessoas eram importantes para Deus e, por isso, eram importantes para ele. Quando se referia à sua congregação, ele não dizia "meus irmãos e irmãs", mas "nós, leprosos". O padre se tornou um deles. Literalmente.

Em algum lugar ao longo do caminho, por meio de um toque de bondade ou na partilha de uma hóstia, a doença passou do membro para o padre. Damien desenvolveu lepra. E em 15 abril de 1889, quatro dias antes da Sexta-Feira Santa, ele morreu.[1]

Já aprendemos a tratar a lepra. Não deixamos mais as pessoas de quarentena. Abolimos tais colônias. Mas abolimos a atitude? Ainda vemos alguns como pessoas inferiores?

Víamos durante o recreio no ensino fundamental. Todos os meninos da classe de primeiro ano da Sra. Amburgy uniam-se para expressar a superioridade masculina. Reuníamo-nos todos os dias no recreio e, de braços dados, marchávamos pelo pátio gritando: "Os meninos são melhores que as meninas! Os meninos são melhores que as meninas!". Francamente, eu não concordava, mas gostava daquela fraternidade. As meninas, em resposta, formavam seu próprio clube, desfilando pela escola para mostrar desdém aos meninos. Formávamos uma escola feliz.

As pessoas são dadas à ordem hierárquica. Amamos ter o nariz empinado, mostrando uma superioridade arrogante para com o outro. O menino mostra-se superior à menina ou a menina ao menino. O abastado para com o destituído. O educado olha de cima para o que teve de abandonar os estudos. O veterano age da mesma forma com o recém-chegado. O judeu para com o gentio.

Um abismo intransponível abria-se entre judeus e gentios nos dias da igreja primitiva. Um judeu não podia beber leite tirado por gentios nem comer a comida deles. Os judeus não podiam ajudar uma mãe gentia em necessidade. Médicos judeus não podiam atender pacientes não judeus.[2]

Nenhum judeu podia se relacionar com um gentio. Os gentios eram impuros.

A menos, é claro, que esse judeu fosse Jesus. Suspeitas de uma nova ordem começaram a surgir por causa de uma conversa curiosa de Jesus com a mulher cananeia. A filha dela estava morrendo, e sua súplica era urgente. Mas ela era de ascendência gentia. "Eu fui enviado apenas às ovelhas perdidas de Israel", disse-lhe Jesus. "Sim, Senhor", ela respondeu, "mas até os cachorrinhos comem das migalhas que caem da mesa dos seus donos" (Mateus 15:24,27).

Jesus curou a filha da mulher e deixou clara a sua posição. Ele estava mais preocupado em trazer todos para dentro do que deixar certas pessoas de fora.

Essa era a pressão que Pedro sentia. Sua cultura dizia: "Mantenha distância dos gentios." Seu Cristo dizia: "Construa pontes para os gentios." E Pedro tinha de fazer uma escolha. Um encontro com Cornélio o obrigou a tomar uma decisão.

Cornélio era oficial do exército romano. Além de gentio, era um malfeitor. (Pense em um soldado britânico na cidade de Boston no século XVIII.[1]) Ele comia alimentos errados, aliou-se ao grupo errado e jurou fidelidade a César. Não citava a Torá nem descendia de Abraão. Vestia toga e mantinha presunto na geladeira. Não usava solidéu na cabeça e não tinha barba. Não estaria nem perto de ser um diácono. Incircunciso, contrário a tudo que era *kosher*, impuro. Olhe para ele.

Olhe para ele de novo. Mais de perto. Ele ajudava pessoas necessitadas e simpatizava-se com a ética judaica. Era bondoso e devoto. "Ele e toda a sua família eram piedosos e tementes a Deus; dava muitas esmolas ao povo e orava continuamente a Deus" (Atos 10:2). Cornélio teve até seu nome pronunciado por um anjo. O anjo lhe disse para entrar em contato com Pedro, que estava hospedado na casa de um amigo a cinquenta quilômetros de distância, na cidade costeira de Jope. Cornélio enviou três homens para encontrá-lo.

Enquanto isso, Pedro estava fazendo o melhor que podia para orar com o estômago roncando. "Tendo fome, queria comer; enquanto a refeição estava sendo preparada, caiu em êxtase. Viu o céu aberto e algo semelhante a um grande lençol que descia à terra, preso pelas quatro pontas, contendo toda espécie de quadrúpedes, bem como de répteis da terra e aves do céu. Então uma voz lhe disse: 'Levante-se, Pedro; mate e coma'" (Atos 10:10-13).

O lençol trazia alimentos não *kosher* o suficiente para arrepiar as costeletas cacheadas de qualquer judeu hassídico. Pedro se recusou terminantemente. "De modo nenhum, Senhor! Jamais comi algo impuro ou imundo!" (Atos 10:14).

Mas Deus não estava brincando. Mostrou-lhe a visão três vezes seguidas, deixando o pobre Pedro em um dilema. Pedro estava pensando nos porcos do lençol quando ouviu baterem à porta. Ao som da batida, ele ouviu o chamado do Espírito de Deus em seu coração. "Simão, três homens te procuram. Levanta-te, desce, e vai com eles, não duvidando, pois eu os enviei" (Atos 10:19,20, AEC).

"Não duvidando" também pode ser traduzido como "sem fazer distinção", "permitir-se sem pré-julgamento" ou "deixando de lado toda parcialidade". Esse era um momento importante para Pedro.

Num gesto muito louvável, Pedro convidou os mensageiros para passar a noite e sair na manhã seguinte para ir ao encontro de Cornélio. Quando Pedro chegou, Cornélio prostrou-se a seus pés. Pedro insistiu que ele se levantasse e, em seguida, confessou o quanto fora difícil aquela decisão. "Vocês sabem muito bem que é contra a nossa lei um judeu associar-se a um gentio ou mesmo visitá-lo. Mas Deus me mostrou que eu não deveria chamar impuro ou imundo a homem nenhum" (Atos 10:28).

Pedro contou a Cornélio sobre Jesus e o Evangelho, e, antes que Pedro pudesse fazer um convite, a presença do Espírito esteve entre eles, e aconteceu o que acontecera no Pentecoste: eles falaram em línguas e glorificaram a Deus. Pedro ofereceu-se para batizar Cornélio e seus amigos. Todos aceitaram. Ofereceram-lhe uma cama. Pedro aceitou. Ao fim da visita, Pedro estava fazendo seus sanduíches de presunto.

E nós? Ainda estamos pensando no versículo 28: "Mas Deus me mostrou que eu não deveria chamar impuro ou imundo a homem nenhum."

A vida seria tão mais fácil sem essa ordem! Enquanto pudermos chamar as pessoas de impuras ou imundas, conseguiremos instalá-las em Kalaupapa e seguir nossos próprios caminhos. Os rótulos nos desobrigam da responsabilidade. Ao colocá-las de lado, podemos lavar as mãos e partir.

— Ah, conheço o João. Ele é alcoólatra. (Tradução: — Por que ele não consegue se controlar?)

— O chefe novo é democrata liberal. (Tradução: — Ele não consegue ver o quanto isso é equivocado?)

— Ah, conheço ela. É divorciada. (Tradução: — Ela tem muita "experiência".)

Classificar os outros gera distância e nos oferece uma saída estratégica para evitar o envolvimento.

Jesus adotou uma abordagem totalmente diferente. Ela tratava de incluir todas as pessoas, não de excluí-las. "A Palavra se tornou um ser humano e morou entre nós" (João 1:14, NTLH). Jesus tocou os leprosos, amou os forasteiros e passou tanto tempo com aqueles que davam festas e banquetes que as pessoas o chamavam de "comilão e beberrão, amigo de cobradores de impostos e pecadores" (Mateus 11:19, AEC).

O racismo não poderia afastá-lo da mulher samaritana, os demônios não poderiam afastá-lo do endemoniado. Sua página no Facebook incluía gente como Zaqueu, o mestre das fraudes, Mateus, agente da receita, e certa mulher de reputação duvidosa que ele conheceu na casa de Simão. Jesus passou 33 anos andando na bagunça deste mundo. "Ele tinha a natureza de Deus, mas não tentou ficar igual a Deus. Pelo contrário, ele abriu mão de tudo o que era seu e tomou a natureza de servo, tornando-se assim *igual aos seres humanos*" (Filipenses 2:6,7, NTLH).

Seu exemplo transmite a seguinte mensagem: não mostre ares de superioridade. "Não deveria chamar impuro ou imundo a homem nenhum."

Meu amigo Roosevelt concordaria. Ele é um líder da nossa congregação e um dos caras mais legais da história da humanidade. É vizinho de uma mãe solteira que foi intimada pela associação de moradores por ter um jardim malcuidado. A selva de arbustos e árvores não podadas escondia sua casa. A associação a advertiu a manter o quintal limpo. A advertência foi seguida pela visita de um oficial de polícia. O oficial deu-lhe duas semanas para limpar o jardim ou comparecer em juízo. O quintal dela era um exemplo ruim para a rua, talvez até representasse risco à saúde.

Roosevelt, porém, fez uma visita à vizinha, Terry. Há sempre uma história por trás de cada porta, e ele encontrou uma história triste. Ela tinha acabado de passar por um divórcio difícil, estava se recuperando de uma cirurgia, trabalhava no turno da noite no hospital e fazia horas extras para poder arcar com as despesas. Seu único filho estava servindo no Iraque. Resumindo, Terry estava sozinha, doente e exausta. Cuidar do jardim era a última das suas preocupações.

Então, Roosevelt recrutou alguns vizinhos e as famílias passaram uma manhã de sábado pondo as coisas em ordem. Podaram arbustos, cortaram galhos e juntaram uma dúzia de sacos de folhas. Alguns dias depois, Terry enviou esta mensagem ao conselho da associação de moradores:

Prezados senhores:

Espero que vocês possam fazer o bairro tomar conhecimento do grupo maravilhoso de vizinhos que eu tenho. Esses vizinhos trabalharam abnegadamente no meu quintal.

Suas ações me estimularam e me fizeram lembrar de que ainda existem pessoas compassivas morando aqui, pessoas que se importam a ponto de estender a mão a estranhos que passam por momentos difíceis e ajudá-los a diminuir seus fardos. Esses moradores devem ser elogiados, e eu não posso expressar o quanto sou agradecida pelo trabalho árduo, pela atitude positiva e pelo entusiasmo deles. Isso me surpreende ainda mais considerando que meu avô era rabino e que tenho um mezuzá na porta de casa!

A reação de Roosevelt foi semelhante à de Cristo. Em vez de ver as pessoas como problemas, Cristo as via como oportunidades.

Vamos ver mais algumas situações como a de Cornélio?

Você e seus amigos entram no refeitório, carregando as bandejas com o almoço. Enquanto procuram uma mesa, um dos camaradas cutuca você e diz:

— Dá uma olhada no cara novo. — Você não tem dificuldade em reconhecê-lo. É o único aluno de turbante. Seu amigo faz uma piada:

— Ainda está usando a toalha do banho.

Você mesmo podia ter feito uma piada, se não fosse pelo pastor ontem ter falado sobre a história de Pedro e Cornélio e lido este versículo: "Mas Deus me mostrou que eu não deveria chamar impuro ou imundo a homem nenhum" (Atos 10:28).

Hummm.

O rapaz do cubículo ao lado usa botas, masca tabaco e dirige uma caminhonete que tem um suporte para rifles. Você usa sapatos, come alimentos saudáveis e dirige um carro *flex*, exceto às sextas-feiras, quando vai de bicicleta para o trabalho. Ele faz piadas racistas. Será que não percebe que você é negro? Ele tem uma bandeira dos Confederados como protetor de tela. Seu bisavô foi escravo. Você adoraria se distanciar desse caipira.

Porém, o estudo bíblico desta manhã trazia o seguinte desafio: "Mas Deus me mostrou que eu não deveria chamar impuro ou imundo a homem nenhum" (Atos 10:28).

E agora, o que você faz?

Mais uma. Você é o superintendente de um orfanato. Ao lidar com as certidões de nascimento, você se defronta com uma palavra problemática: *ilegítimo*. Ao pesquisar mais, fica sabendo que a palavra é um rótulo permanente, nunca poderá ser removida da certidão.

Foi isso que Edna Gladney descobriu. E ela não suportava pensar nisso. Se *legítimo* significa ser legal, lícito e válido, o que significa *ilegítimo*? Você consegue se imaginar vivendo com tal rótulo?

A Sra. Gladney não conseguiu. Levou três anos, mas em 1936 ela conseguiu convencer o governo do Texas a remover a tal expressão da sua certidão de nascimento.[3]

Deus nos chama para mudar a maneira como olhamos para as pessoas. Não para vê-las como judeus ou gentios, afiliados ou intrusos, liberais ou conservadores. Não para rotulá-las. Rotular é acusar. "De modo que, de agora em diante, a ninguém mais consideramos do ponto de vista humano" (2 Coríntios 5:16).

Vamos ver as pessoas de forma diferente; vamos vê-las como vemos a nós mesmos. Maculados, talvez. Inacabados, com certeza. No entanto, uma vez resgatados e restaurados, podemos espalhar luz, como os dois vitrais do meu escritório.

Meu irmão os encontrou em um depósito de ferro-velho. Alguma igreja os jogara fora. Dee, um carpinteiro jeitoso, os recuperou. Pintou a madeira lascada e consertou estrutura desgastada. Depois, vedou umas rachaduras no vidro colorido. As janelas não estão perfeitas. Mas, colocadas onde bate sol, inundam a sala de luz multicolorida.

Vivemos encontrando pessoas descartadas, jogadas fora. Às vezes, jogadas fora por uma igreja. E temos de escolher. Negligenciar ou resgatar? Rotulá-las ou amá-las? Conhecemos a escolha de Jesus. Basta olhar para o que ele fez conosco.

Tu [Jesus] és digno de receber o livro e de abrir os seus selos, pois foste morto, e com teu sangue compraste para Deus gente de toda tribo, língua, povo e nação.

(Apocalipse 5:9)

Pai, que surpreendente é estudar sua Palavra e ver todas as pessoas que o Senhor usou para seus propósitos sagrados: prostitutas, assassinos, perseguidores, mentirosos, ladrões, trapaceiros, o iletrado, o ignorante, o cego, o coxo. Conceda-me a graça de tratar a todos que eu encontrar como alguém por quem Jesus morreu e ressuscitou. Faça com que não haja distinções perniciosas ou profanas nos meus olhos e favoritismo desonroso nas minhas ações. Antes, faça de mim um instrumento através do qual Jesus brilhe. Em nome de Cristo eu oro, amém.

Capítulo 15

Ore primeiro; depois, ore mais

Pedro, então, ficou detido na prisão, mas a igreja
orava intensamente a Deus por ele.

Atos 12:5

O REI HERODES SOFRIA DE uma obsessão por popularidade no nível da de Hitler. Herodes matou o apóstolo Tiago para agradar o populacho. A execução elevou seu índice de aprovação; então, ele prendeu Pedro e resolveu matá-lo no aniversário da morte de Jesus. (Você acha que precisava agravar ainda mais o sofrimento?)

Ele colocou o apóstolo sob o olhar atento de dezesseis soldados da tropa de elite e disse-lhes, sem ironia: "Se ele escapar, vocês morrem." (Controle de qualidade ao estilo de Herodes.) Amarraram Pedro com correntes e o deixaram no lugar mais seguro da cadeia, atrás de três portas.

E o que a igreja podia fazer a respeito? O problema da prisão de Pedro assumia proporções da altura de Golias para a comunidade humilde. Eles não tinham recursos, não tinham influência nem favores políticos para cobrar. Não tinham nada além de perguntas envolvidas em terror. "Quem será o próximo? Primeiro Tiago e agora Pedro. Herodes vai acabar com a liderança da Igreja?"

A igreja ainda enfrenta seus Golias. A fome no mundo. Os escândalos envolvendo o clero. Cristãos mesquinhos. Funcionários públicos corruptos. Ditadores com mente tacanha e coração duro. Pedro na prisão é só o primeiro de uma longa lista de desafios grandes demais para a igreja.

Então, nossos ancestrais de Jerusalém nos legaram uma estratégia. Quando o problema for maior que nós, vamos orar! "Pedro, então, ficou detido na prisão, mas a igreja orava intensamente a Deus por ele" (Atos 12:5).

Eles não fizeram piquete na porta da cadeia nem abaixo-assinado para as autoridades; não protestaram contra a prisão nem se prepararam para o velório de Pedro. Oraram. Eles oraram como se a oração fosse sua única esperança, pois realmente era. Oraram "intensamente a Deus por ele".

Um dos nossos líderes da igreja brasileira me ensinou algo sobre a oração fervorosa. Ele encontrou Cristo quando passou um ano em um centro de reabilitação para drogados. A terapia incluía três sessões de uma hora de oração por dia. Os pacientes não eram obrigados a orar, mas eram obrigados a assistir à reunião de oração. Dezenas de viciados em recuperação passavam sessenta minutos ininterruptos de joelhos.

Mostrei perplexidade e confessei que as minhas orações eram curtas e formais. Ele me convidou (me desafiou?) para um encontro de oração. Fui no dia seguinte. Nós nos ajoelhamos no chão de concreto do auditório da nossa pequena igreja e começamos a falar com Deus. Não foi bem assim. Eu falava; ele chorava, gemia, implorava, bajulava e suplicava. Batia os punhos no chão, sacudia-os no alto, confessava e reconfessava cada pecado. Recitou todas as promessas da Bíblia como se Deus precisasse ser lembrado. Ele orou como Moisés.

Quando Deus decidiu destruir os israelitas pela façanha do bezerro de ouro, Moisés "suplicou ao Senhor, o seu Deus, clamando: 'Ó Senhor, por que se acenderia a tua ira contra o teu povo, que tiraste do Egito com grande poder e forte mão? Por que diriam os egípcios: "Foi com intenção maligna que ele os libertou, para matá-los nos montes e bani-los da face da terra"? Arrepende-te do fogo da tua ira! Tem piedade, e não tragas este mal sobre o teu povo! Lembra-te dos teus servos Abraão, Isaque e Israel, aos quais juraste por ti mesmo: 'Farei que os seus descendentes sejam numerosos como as estrelas do céu e lhes darei toda esta terra que lhes prometi, que será a sua herança para sempre'" (Êxodo 32:11-13).

Moisés não está calmo e tranquilo no monte Sinai, com as mãos postas e uma expressão serena. Está furioso consigo mesmo em um momento e com Deus no momento seguinte. Ele está de joelhos, apontando o dedo, erguendo as mãos. Derramando lágrimas. Rasgando o manto. Lutando como Jacó no Jaboque pela vida do seu povo.

E Deus o ouviu! "E sucedeu que o Senhor arrependeu-se do mal que ameaçara trazer sobre o povo" (Êxodo 32:14).

Nossas orações fervorosas comovem o coração de Deus. "A oração de um justo é poderosa e eficaz" (Tiago 5:16). A oração não muda a natureza de Deus; quem ele é nunca será alterado. No entanto, a oração tem impacto sobre o fluxo da história. Deus cabeou o mundo para receber energia elétrica, mas nos chama para acionarmos o interruptor.

E a igreja de Jerusalém fez exatamente isso.

Pedro, então, ficou detido na prisão, mas a igreja orava intensamente a Deus por ele.

Na noite anterior ao dia em que Herodes iria submetê-lo a julgamento, Pedro estava dormindo entre dois soldados, preso com duas algemas, e sentinelas montavam guarda à entrada do cárcere. Repentinamente apareceu um anjo do Senhor, e uma luz brilhou na cela. Ele tocou no lado de Pedro e o acordou. "Depressa, levante-se!", disse ele. Então as algemas caíram dos punhos de Pedro. O anjo lhe disse: "Vista-se e calce as sandálias." E Pedro assim fez. Disse-lhe ainda o anjo: "Ponha a capa e siga-me" (Atos 12:5-8).

O apóstolo, que uma vez se perguntou como Cristo conseguia dormir durante a tempestade, agora tira uma soneca em plena tempestade.

Vamos dar a esta cena a risada que ela merece. Um anjo desce do céu até a terra. Só Deus sabe quantos demônios ele enfrentou no caminho. Ele navega pelas ruas de Jerusalém até chegar à prisão de Herodes. Passa por três portas de ferro e por um esquadrão de soldados para chegar diante de Pedro. O brilho explode como um sol de verão no deserto. Mas Pedro dorme apesar do chamado para acordar. O velho pescador sonha com os peixes do mar da Galileia.

— Pedro.

Silêncio.

— Pedro!

Zzzzz.

— Pedro!!!

Os anjos tocam as pessoas com o cotovelo ou com a *asa*? De qualquer maneira, as algemas caíram no chão. O anjo tem que lembrar o Pedro grogue de sono de como se vestir. *Primeiro as sandálias. Agora a capa.* As portas se abrem em seguida. E em algum ponto no caminho até a casa de Maria, Pedro percebe que não está sonhando. O anjo lhe aponta a direção certa e se afasta, resmungando que precisa trazer uma trombeta da próxima vez.

Ainda atordoado, Pedro vai à casa de Maria. Naquela mesma hora, Maria está recebendo um grupo de oração em favor de Pedro. Os amigos enchem o local e inundam a casa com uma intercessão fervorosa.

Pedro certamente sorri quando ouve as orações. Ele bate à porta. A serva responde, mas, em vez de abri-la, volta correndo para o grupo de oração e anuncia:

— Pedro está à porta!

Eles porém lhe disseram: — Você está fora de si! — Insistindo ela em afirmar que era Pedro, disseram-lhe: — Deve ser o anjo dele (Atos 12:14,15).

Confesso que sinto certo alívio com essa leitura. Até os primeiros seguidores se esforçavam para acreditar que Deus os ouvia. Mesmo quando a resposta bateu à porta, eles hesitaram.

E nós ainda hesitamos. A maioria de nós luta com a oração. Esquecemo-nos de orar, e, quando nos lembramos, temos pressa, fazemos orações com palavras vazias. Nossa mente divaga, nossos pensamentos se dispersam como um bando de codornas. Por que isso? A oração requer um esforço mínimo. Nenhum local é prescrito. Nenhuma roupa especial é necessária. Nenhum título ou cargo é estipulado. Mesmo assim, para você parece que estivemos lutando com um porco besuntado.

Falando em porcos, Satanás procura interromper as nossas orações. A batalha que temos com a oração não é inteiramente culpa nossa. O demônio conhece as histórias, ele viu o anjo na cela de Pedro e o reavivamento em Jerusalém. Ele sabe o que acontece quando oramos. "As armas que usamos [...] são armas poderosas de Deus, capazes de destruir fortalezas" (2 Coríntios 10:4, NTLH).

Satanás não fica perturbado quando eu escrevo livros ou preparo sermões, mas seus joelhos nodosos tremem quando eu oro. Satanás não gagueja nem tropeça quando você atravessa as portas da igreja ou participa das reuniões de comitê. Os demônios não vão ficar agitados por você estar lendo este livro. Mas as paredes do inferno chacoalham quando uma pessoa com um coração honesto em confissão sincera diz:

— Oh, Deus, quão grande és tu.

Satanás nos afasta da oração. Ele tenta se posicionar entre nós e Deus. Mas foge como um cachorro assustado quando avançamos. E que assim façamos.

Portanto, submetam-se a Deus. Resistam ao Diabo, e ele fugirá de vocês. Aproximem-se de Deus, e ele se aproximará de vocês! (Tiago 4:7,8)

O Senhor está perto de todos os que o invocam, de todos os que o invocam com sinceridade. (Salmo 145:18)

Quando os filhos de Israel foram lutar contra os amalequitas, Moisés escolheu o topo da montanha para estar em oração (cf. Êxodo 17:8-13). Os israelitas venceram.

Quando soube da destruição iminente de Sodoma e Gomorra, "Abraão permaneceu diante do Senhor" em vez de correr para advertir as cidades (Gênesis 18:22).

Os conselheiros informaram a Neemias que Jerusalém se encontrava em ruínas. Ele assentou os alicerces da oração antes de assentar os alicerces de pedra (cf: Neemias 1:4).

As cartas de Paulo contêm mais pedidos de oração do que apelos por donativos, posses ou consolo.

E Jesus. Nosso Jesus em oração.

Levantando-se de madrugada para orar (cf. Marcos 1:35).

Despedindo a multidão para orar (cf. Mateus 14:23).

Subindo a um monte para orar (cf. Lucas 9:28).

Criando um modelo de oração para nos ensinar a orar (cf. Mateus 6:9-13).

Purificando o templo para que as pessoas pudessem orar (cf. Mateus 21:12,13).

Caminhando até um jardim para orar (cf. Lucas 22:39-46).

Jesus imergia suas palavras e obras em oração. Coisas poderosas acontecem quando fazemos o mesmo.

Peggy Smith tinha 84 anos. Sua irmã, Christine, tinha 82. Os anos tinham levado a visão da primeira e arqueado o corpo da segunda. Nenhuma das duas podia sair de casa para ir à igreja.

No entanto, a igreja precisava delas. Elas moravam na ilha de Lewis, perto da costa da Escócia. A escuridão espiritual caíra sobre a aldeia de Barvas. A congregação estava perdendo pessoas, e os jovens zombavam da fé, falando da conversão como uma praga. Em outubro de 1949, o presbitério recorreu a seus membros pedindo-lhe para orar.

Mas o que podiam fazer duas irmãs idosas, confinadas em casa? Muito, elas decidiram. Transformaram seu modesto chalé em uma casa de vigília em oração. Das dez da noite até as quatro horas na madrugada, duas noites por semana, elas pediam a Deus que tivesse misericórdia daquela cidade. Depois de alguns meses, Peggy disse a Christine que Deus lhe havia falado estas palavras: "Derramarei água sobre aquele que estiver sedento e torrentes sobre a terra seca."

Peggy estava tão certa da mensagem, que pediu ao pastor para realizar um reavivamento e convidar o famoso evangelista Duncan Campbell para falar. O pastor assim fez, mas Campbell relutou e declinou do convite. Peggy recebeu a notícia com confiança. "Deus disse que ele está chegando, e ele estará aqui dentro de quinze dias." Deus mudou o calendário de Campbell, e em duas semanas as reuniões começaram.

Por cinco semanas, Duncan Campbell pregou na paróquia de Barvas. Grandes multidões se reuniam em quatro cultos, às 19h, 22h, meia-noite e 3h. A ação de Deus sobre as pessoas foi inegável. Centenas de pessoas foram convertidas. Os locais que serviam bebidas fecharam por falta de fregueses. Os bares ficaram vazios, e a igreja cresceu. A ilha de Lewis experimentou a presença de Deus. Tudo porque duas mulheres oraram.[1]

Então:

Vamos orar *primeiro*. Viajar para ajudar os famintos? Certifique-se de mergulhar sua missão em oração. Trabalhar para desatar os nós da injustiça? Ore. Cansado de um mundo de racismo e segregação? Deus também está. E ele adoraria falar com você a respeito.

Vamos orar *mais*. Deus nos chamou para pregar continuamente? Ou ensinar continuamente? Ou fazer reuniões de comitê continuamente? Ou cantar continuamente? Não. Foi para isto que nos chamou: "Orem continuamente" (1 Tessalonicenses 5:17).

Jesus declarou que sua casa seria chamada de casa de estudo? De amigos? De música? Uma casa de exposição? Uma casa de atividades? Não. Ele disse: "A minha casa será chamada casa de oração" (Marcos 11:17).

Nenhuma outra atividade espiritual garantia tais resultados. "Todas as vezes que dois de vocês que estão na terra pedirem a mesma coisa em oração, isso será feito pelo meu Pai, que está no céu" (Mateus 18:19, NTLH). Ele se comove pelo coração humilde e em oração.

No fim de 1964, rebeldes comunistas sitiaram a cidade de Bunia, no Zaire. Prenderam e executaram muitos cidadãos. Um pastor chamado Zebedayo Idu foi uma de suas vítimas. Eles o sentenciaram à morte diante de um pelotão de fuzilamento e o colocaram na cadeia durante a noite. Na manhã seguinte, ele e muitos outros prisioneiros foram jogados em um caminhão e levados a um local público para a execução. Sem nenhuma explicação, o oficial mandou os prisioneiros formarem uma fila e os numerou: "um, dois, um, dois, um, dois". Os que receberam o número um foram colocados diante ao pelotão de fuzilamento. Os de número dois foram levados de volta para a prisão. O pastor Zebedayo estava entre aqueles que foram poupados.

De volta à cela, os prisioneiros podiam ouvir o som de tiros. O ministro aproveitou o momento dramático para compartilhar a história de Jesus e a esperança do paraíso. Oito prisioneiros deram a vida a Deus naquele dia. Quando o pastor Idu acabava de falar, um mensageiro entrou correndo pela porta com uma ordem de soltura. O pastor fora preso por engano e estava livre para ir embora.

Ele se despediu dos prisioneiros e foi rapidamente para a sua casa, ao lado da capela. Lá, encontrou uma multidão de fiéis orando insistentemente pela sua libertação. Quando viram a resposta às suas orações, atravessaram a porta e a reunião de oração se transformou em reunião de louvor.[2]

O mesmo Deus que ouviu as orações de Jerusalém ouviu as orações do Zaire. Ele ainda está ouvindo. E nós? Ainda estamos orando?

Dediquem-se à oração, estejam alerta e sejam agradecidos. Ao mesmo tempo, orem também por nós, para que Deus abra uma porta para a nossa mensagem, a fim de que possamos proclamar o mistério de Cristo.

(Colossenses 4:2,3)

Deus de Abraão, Isaque e Jacó, o Senhor criou tudo que existe, e continua mantendo tudo que criou com sua infinita sabedoria e com seu poder ilimitado. Mesmo assim, o Senhor me convida a vir até sua presença em oração, com coragem e com a expectativa de que irá me ouvir e me responder. Ensina-me a aproveitar ao máximo esse privilégio maravilhoso, sobretudo em relação a alcançar as pessoas com o seu amor. Inclina-me na direção daqueles que ainda têm de experimentar a plenitude da sua graça, e me estimule a orar por eles e por seu bem-estar, tanto neste mundo quanto na eternidade. Traga-me para a linha de frente desta batalha. Em nome de Jesus eu oro, amém.

Capítulo 16

É Jesus que está tocando violino

Eu afirmo a vocês que isto é verdade: quando vocês
fizeram isso ao mais humilde dos meus irmãos,
foi a mim que fizeram.

Mateus 25:40 (NTLH)

ÀS 7H51 DE 12 DE JANEIRO DE 2007, um jovem músico se posicionou encostado em uma parede de uma estação de metrô em Washington, D.C. Ele vestia jeans, camiseta de manga longa e um boné de beisebol do Washington Nationals. Abriu a caixa do violino, pegou o instrumento, atirou alguns dólares e umas moedas na caixa, para servirem de chamariz, e começou a tocar.

Em 43 minutos, ele tocou seis músicas clássicas. Durante esse tempo, 1.097 pessoas passaram por ele. Deram-lhe no total US$ 32,17 em dinheiro. Das 1.097 pessoas, sete — apenas sete — pararam mais do que sessenta segundos. E, das sete, uma — só uma — reconheceu o violinista Joshua BellTrês dias antes dessa apresentação no metrô organizada pelo jornal *Washington Post*, Bell lotou a Symphony Hall de Boston, onde o ingresso para sentar em um lugar razoavelmente bom custa cem dólares. Duas semanas após o experimento, ele tocou para uma plateia em Bethesda, Maryland, sendo que só havia lugares de pé. Talentos como Joshua Bell podem fazer jus a mil dólares por minuto. Naquele dia, na estação de metrô, ele nem chegou a ganhar o suficiente para comprar um par de sapatos baratos.

Você não pode culpar o instrumento. Bell tocou um Stradivarius feito no período áureo da carreira de Stradivari. Vale 3,5 milhões de dólares. Você não pode culpar a música. Ele tocou lindamente uma composição de Johann Sebastian Bach que Bell define como "uma das maiores realizações de algum homem na história".

Mas quase ninguém reparou. Nada majestoso era esperado naquele contexto. Um engraxate de um lado, um quiosque do outro. Pessoas comprando revistas, jornais, barras de chocolate e bilhetes de loteria. E quem tinha tempo? Era um dia de trabalho. Aquela era a mão de obra de Washington. Funcionários públicos, principalmente, a caminho de reuniões de orçamento e sessões de administração. Quem tinha tempo para reparar na beleza em meio a tanta ocupação? A maioria não tinha.[1]

Muitos um dia ainda vão perceber o que não perceberam. Da perspectiva divina, vamos olhar para trás — para estes dias ocupados e confusos — e perceber: *Era Jesus tocando violino. Era Jesus vestindo roupas esfarrapadas. Era Jesus no orfanato, na cadeia, no barraco feito de papelão. A pessoa que precisava da minha ajuda era Jesus.*

Há muitas razões para ajudar as pessoas necessitadas.

"A benevolência é um bem para o mundo."

"Todos nós estamos flutuando no mesmo oceano. Quando a maré subir, beneficiará a todos."

"Livrar alguém da pobreza é expandir o potencial dessa pessoa como pesquisador, educador ou médico."

"Ao reduzir a pobreza e a doença, estamos reduzindo

as guerras e as atrocidades. Pessoas saudáveis e felizes não machucam umas às outras."

A compaixão tem uma dúzia de advogados.

Mas para o cristão nenhuma razão é maior do que esta: quando amamos os necessitados, estamos amando Jesus. É um mistério que está além da compreensão da ciência, uma verdade que sobrepuja as estatísticas. Mas é uma mensagem que Jesus deixou clara: quando os amamos, amamos a Jesus.

Esse é o tema do seu sermão final. A mensagem que Jesus guardou para o fim. Ele deve querer que isso fique registrado na nossa consciência. Ele descreveu a cena do julgamento final. O último dia, o grande dia do Juízo Final. Nesse dia, Jesus irá dar uma ordem irresistível. Todos virão. De navios naufragados a cemitérios esquecidos, todos virão. De túmulos régios a campos de batalha, todos virão. De Abel, o primeiro a morrer, até a pessoa que está sendo enterrada naquele momento, Jesus chama; cada ser humano da história estará presente.

Todos os anjos estarão presentes. Todo o universo celestial testemunhará o acontecimento. Um desfecho surpreendente. Jesus, em algum momento, "separará umas das outras como o pastor separa as ovelhas dos bodes" (Mateus 25:32). Os pastores fazem isso. Caminham pelo rebanho e direcionam, um por um, bodes para um lado e ovelhas para o outro.

Parece até que estou vendo a cena do Bom Pastor percorrendo o rebanho da humanidade. Você. Eu. Nossos pais e nossos filhos.

— Max, você por aqui. Ronaldo, pra lá. Maria, deste lado.

Como alguém pode divisar tal momento sem o aparecimento súbito desta questão urgente: o que determina a sua escolha? Como Jesus separa as pessoas?

Jesus dá a resposta. Os do lado direito, as ovelhas, serão aqueles que o alimentaram quando ele sentiu fome, que lhe trouxeram água quando teve sede, que lhe deram abrigo quando estava sozinho, roupa quando estava nu e conforto quando estava doente ou preso. O sinal dos salvos é a preocupação deles para com os necessitados. A compaixão não os salva — nem a nós. A salvação é obra de Cristo. A compaixão é a consequência da salvação.

As ovelhas reagirão com uma pergunta sincera: quando? Quando foi que alimentamos, visitamos, vestimos ou confortamos você (cf. Mateus 25:34-39)?

A resposta de Jesus vai ser mais ou menos assim:

— Lembra quando você saiu do metrô? Era uma manhã de inverno em Washington. As pessoas estavam encapotadas, ocupadas e concentradas em seu trabalho. Você principalmente, veja bem. Mas então você me viu. Sim, era eu! Parado entre o quiosque de café e a banca de jornal, era eu. Eu estava usando boné e cachecol e tocando violino. A multidão passava correndo, como se eu fosse uma planta artificial. Mas você parou. Eu sabia que você estava ocupado. Você olhou para o relógio duas vezes. Mas mesmo assim parou e se lembrou de mim. Você foi até o quiosque ao lado, comprou um café e trouxe-o para mim. Quero que você saiba que nunca me esqueci disso.

Jesus vai contar, um por um, todos os atos de bondade. Toda ação realizada para melhorar a situação do outro. Mesmo as menores. Na verdade, todas parecem pequenas. Dar água. Oferecer comida. Dividir o guarda-roupa. Como Crisóstomo observou: "Não ouvimos: 'Eu estava doente e você me *curou*', nem: 'Eu estava na prisão e você me *libertou*'".[2] As obras de misericórdia são ações simples. No entanto, nessas ações simples estamos servindo a Jesus. Esta verdade é surpreendente: servimos a Cristo quando servimos às pessoas carentes.

A igreja de Jerusalém a entendeu. De que outra forma podemos explicar sua explosão pelo mundo? Nós só refletimos sobre algumas de suas histórias. O que começou no dia de Pentecoste com 120 discípulos se espalhou pelos quatro cantos do mundo. Antioquia. Corinto. Éfeso. Roma. O livro de Atos, diferentemente de outros livros do Novo Testamento, não tem conclusão. Isso porque o trabalho não foi concluído.

Muitos anos atrás, ouvi uma mulher debater sobre essa obra. Ela visitava uma igreja católica no centro de Miami, Flórida, em 1979. O pequeno santuário transbordava de gente. Fiquei surpreso. O evento não fora divulgado. Soube da apresentação à tarde por intermédio de um amigo. Eu morava a alguns quarteirões da igreja. Fui um pouco mais cedo na esperança de me sentar na primeira fila. Devia ter chegado duas horas antes. As pessoas lotavam os bancos e os corredores. Algumas sentavam no peitoril das janelas. Encontrei um lugar encostado à parede e esperei. Não sei se o ar-condicionado estava quebrado ou se não havia ar-condicionado, mas as janelas estavam abertas e o ar que entrava era abafado. A plateia conversava agitada. Mas, quando ela entrou, todo o burburinho cessou.

Não teve música. Não teve uma longa introdução. Nem fanfarra de algum órgão público. Nada de comitiva.

Apenas três, talvez quatro, versões mais jovens dela mesma, o padre da comunidade e ela.

O padre pronunciou algumas palavras de boas-vindas e fez uma piada sobre colocar um caixote de madeira atrás do púlpito para que pudéssemos enxergar a sua convidada. Ele não estava brincando. Ele a posicionou, e ela cresceu, e aqueles olhos azuis olharam para nós. Que rosto. Linhas verticais marcavam sua boca. O nariz era maior do que a maioria das mulheres prefere. Lábios finos, como se fossem desenhados a lápis, e um sorriso despido de pretensão.

Ela usava o sari indiano branco de sempre, com orlas azuis, que representava as Missionárias da Caridade, a ordem que tinha fundado em 1949. Seus 69 anos arqueavam aquele corpo já miúdo. Mas não havia nada de pequeno na presença da madre Teresa.

— Deem-me os seus filhos por nascer — ela propôs. (Palavras de abertura ou só as que eu mais me lembro? Não sei.) — Não os abortem. Se vocês não podem criá-los, eu os criarei. Eles são preciosos para Deus.

Quem teria reconhecido naquela albanesa frágil uma agente de transformação? Nascida em um caldeirão de conflitos étnicos, os Bálcãs. Tímida e introvertida como uma criança. De saúde delicada. Uma de três filhos. Filha de um empresário generoso, mas pouco conhecido. No entanto, em algum lugar ao longo da jornada, ela se convenceu de que Jesus andava sob o "traje doloroso dos pobres", e resolveu amá-lo ao amar os necessitados. Em 1989, ela disse a um repórter que suas Missionárias tinham tirado cerca de 54 mil pessoas das ruas de Calcutá e que 23 mil ou mais morreram sob seus cuidados.[3]

Imagino que, se criou pessoas como madre Teresa, Deus pode provar sua tese: "Você pode fazer algo hoje que vai fazer a vida valer a pena".

Existem bilhões de razões para pensar em seu desafio. Alguns vivem em seu bairro, outros em florestas que você não consegue encontrar e têm nomes impronunciáveis para você. Alguns brincam em barracos de papelão ou vendem sexo em uma rua movimentada. Alguns caminham três horas em busca de água ou esperam o dia todo por uma dose de penicilina. Alguns causaram a própria desgraça e outros herdaram os problemas dos pais.

Ninguém pode ajudar todo mundo. Mas todos podem ajudar alguém. E, quando os ajudamos, estamos servindo a Jesus.

Quem gostaria de perder a chance de fazer isso?

Então o Rei dirá aos que estiverem à sua direita: "Venham, benditos de meu Pai! Recebam como herança o Reino que lhes foi preparado desde a criação do mundo. Pois eu tive fome, e vocês me deram de comer; tive sede, e vocês me deram de beber; fui estrangeiro, e vocês me acolheram; necessitei de roupas, e vocês me vestiram; estive enfermo, e vocês cuidaram de mim; estive preso, e vocês me visitaram."

(Mateus 25:34-36)

Ó, Senhor, onde foi que o vi ontem e não o reconheci? Onde o encontrarei hoje... e não conseguirei identificá-lo devidamente? Ó, meu Pai, dê-me olhos para ver, coração para responder, mãos e pés para servi-lo onde o Senhor me encontrar! Por seu Espírito, transforme-me em um servo de Cristo que se regozija em atender as necessidades das pessoas que o cercam. Faça de mim um *outdoor* de sua graça, uma propaganda viva da opulência da sua compaixão. Desejo ouvi-lo me dizer um dia: "Muito bem, servo bom e fiel". E oro para que *hoje* eu possa ser o servo fiel que trabalha bem ao fazer o bem. Em nome de Jesus eu oro, amém.

Guia de estudo

O AUTOR QUER QUE VOCÊ FAÇA MAIS do que ler sobre o livro de Atos: ele quer que você viva o vigésimo nono capítulo, escrevendo a história da igreja de sua geração. *Faça a vida valer a pena* o estimula a repensar seu papel no mundo. Os primeirƒos cristãos fi zeram do ministério aos marginalizados o centro de seu trabalho. Jesus tocou os feridos, sentiu a dor e falou da graça. Seguindo o seu exemplo, a igreja existe para abrir portas, derrubar muros e restaurar relacionamentos. Se você quer ir para o próximo nível, sendo tudo que Jesus Cristo sonha para você e para a igreja, as páginas seguintes irão ajudá-lo a começar.

Utilize este guia para estimular a reflexão e inspirar a ação relacionada às perspectivas de *Faça a vida valer a pena*. O guia inclui, para cada capítulo, *Perguntas para discussão* que servem tanto para conversas em grupo quanto para reflexões pessoais. Você também irá encontrar *Ideias para ação*, que oferecem a prática dos primeiros passos para fazer a diferença. Reflita sobre elas. Em seguida, pratique-as. Não perca esta oportunidade de fazer a vida valer a pena.

Capítulo 1

Nossa chance de ouro

Perguntas para discussão

1. Como você relacionaria Efésios 2:10 à fábula do padre Benjamin?
2. Descreva alguém que você saiba que está fazendo a vida valer a pena ao suprir necessidades. De que maneira você quer ser como essa pessoa? O que lhe dizem, com relação a fazer a vida valer a pena,as seguintes passagens: Atos 13:22,36; Isaías 58:6,7 e Salmo 92:14?
3. Quais são as necessidades que mais tocam o seu coração? Fale sobre algumas estatísticas das quais você ouviu falar ou volte às páginas do capítulo para rever as ali indicadas. Quais palavras descrevem o modo como você se sente ao ouvir tais números?
4. O autor apontou três perguntas que chacoalharam seu mundo. Como as gerações futuras poderiam ficar desapontadas pela maneira como reagimos às necessidades dos dias de hoje?

Ideias para ação

- Marque um encontro com alguém que você admire por estar fazendo a diferença (talvez com a pessoa mencionada anteriormente). Faça-lhe as seguintes perguntas: Por que você escolheu viver dessa maneira? O que o motiva? O que você teve de aprender? Como começou?
- Exponha-se intencionalmente a várias necessidades. Faça uma lista de maneiras de sair da sua zona de conforto para ouvir pessoas que estejam passando por necessidades. Acomode seu calendário para incluir projetos que atendam necessidades tanto locais quanto globais. Certifique-se de que sua programação inclua algo na vizinhança (tais como projetos de ação na comunidade ou no bairro), bem como algo com impacto internacional (talvez uma viagem missionária em curto prazo).

Capítulo 2
Chamando João-Ninguém
Perguntas para discussão

1. Pense em alguém que fez algo ordinário (no sentido de comum) por você, mas que acabou fazendo uma diferença extraordinária. Que pequena ação você poderia fazer que teria um grande impacto?
2. De que forma os primeiros discípulos foram pessoas comuns? Como você se sentiria se tivesse feito parte das 120 pessoas que ouviram as palavras de Jesus pouco antes de ele ascender (Atos 1:1-11)?
3. Que lições que você aprendeu com a história de Nicholas Winton, que salvou tantas crianças do Holocausto? De que maneira ele foi uma pessoa comum? O que você achou do fato de ele não contar a história para ninguém até que sua mulher descobrisse o álbum de fotos?
4. Reveja a ideia de força e fraqueza apresentada em 2 Coríntios 12:9,10. Lembre-se de um momento em que você se sentiu fraco, embora Deus tenha lhe dado força para fazer algo por ele. Explique.
5. Se Jesus lhe dissesse para recrutar onze pessoas entre seus amigos e parentes comuns para mudar o mundo, que nomes você listaria? Como esse grupo poderia fazer a diferença neste exato momento?

Ideias para ação

- Dedique-se a atos de bondade rotineiros. Aplique uma medição de tempo em seu serviço aos outros. Você está fazendo algo diário, mensal, semanal e anual para mostrar compaixão e atender necessidades?
- Participe de atos de bondade aleatórios. Não se esqueça de trabalhar além da sua rotina também. Quando Deus lhe der uma

oportunidade não planejada, reaja com compaixão e experimente a alegria dessas convocações divinas.

- Envolva-se em atos de bondade radicais. Planeje uma resposta mais intensa, sacrificial e estratégica para as necessidades do mundo. Pense grande, prepare-se e recrute outras pessoas para acompanhá-lo (comece com a lista de onze nomes que você já fez).

Capítulo 3

Deixe Deus tirá-lo da sua concha

Perguntas para discussão

1. Quais hábitos, atitudes, bens e tecnologias criam uma espécie de concha para isolar você dos necessitados que o cercam? Como você pode contornar ou remover tais barreiras?
2. Você já experimentou o que o capítulo chama de "ataque de compaixão"? Você reagiu ignorando a necessidade ou estando distraído? Você reagiu tentando suprir a necessidade?
3. Descreva uma ocasião em que você viu a obra de Deus de uma maneira repentina e inesperada. Até que ponto você está aberto aos comandos inesperados de Deus? Como você pode se preparar para esses momentos?
4. Responda às seguintes perguntas propostas no capítulo:
   a) "Com quem você se sente mais fluente?" Com que tipos de pessoas ou necessidades você poderia se relacionar com mais facilidade?
   b) "Por quem você sente mais compaixão?" Que tipos de necessidades tocam o seu coração mais profundamente?

Ideias para ação

- Responda criativamente às necessidades ao seu redor. Aqui estão algumas ideias para começar. Algumas pessoas carregam vales-combustível do posto de gasolina do bairro ou vales-refeição de um restaurante nas proximidades para dar às pessoas necessitadas. Outras têm um fundo especial que estão sempre preparadas para usar. Alguns indivíduos fazem doações regulares a um fundo beneficente da igreja e encaminham as pessoas que precisam de ajuda a essa igreja. Planeje-se com antecedência para responder com compaixão (em vez de esperar para ver se a compaixão lhe apetece no momento).

- Pense em se concentrar em um país que tenha mais necessidades de orações, doações e relacionamentos que o seu próprio país. Descubra as necessidades verdadeiras. Pesquise o que está funcionando bem. Encontre o que não está funcionando. Ore pelas intenções daquele povo. Coma o alimento deles. Comemore seus feriados. Veja se é possível aproveitar as ferias para fazer uma viagem missionária àquele país.
- Pesquise ministérios ou orfanatos dedicado às necessidades desse país. Invista recursos e construa relacionamentos. Faça desse país um segundo lar em seu coração. Com o tempo você vai se surpreender com o que Deus irá fazer em você e por seu intermédio.

Capítulo 4

Não esqueça o pão

Perguntas para discussão

1. Descreva uma ocasião em que você se esqueceu de algo importante.
2. O que os seguintes versículos o incentivam a valorizar mais: Mateus 28:19, João 3:16, João 6:35, João 14:6, Romanos 3:23, Romanos 19:9 e Efésios 2:8?
3. Em uma folha de papel, faça duas listas, lado a lado. Na primeira coluna, relacione as coisas mais importantes para Deus e para a igreja. Na segunda coluna, relacione as preocupações que distraem os cristãos dessas coisas mais importantes. Abaixo disso, descreva algumas maneiras práticas de mudar seu foco da segunda para a primeira coluna. Reflita sobre como o foco na primeira coluna também poderia atingir as melhores preocupações da segunda coluna.
4. Quando alguém lhe deu uma segunda chance, como o policial deu a Max? Pense em uma pessoa que esteja esperando que você lhe dê uma segunda chance hoje. Como você poderia oferecer a graça a essa pessoa na próxima vez que tiver oportunidade?
5. A graça dá não só "ajuda para esta vida, mas esperança para a próxima". O que você acha que é mais importante para as pessoas: necessidades tangíveis e físicas ou necessidades eternas e espirituais? Em quais situações você precisa suprir uma necessidade física antes de suprir uma necessidade espiritual mais profunda? Em quais situações ocorre o contrário?

Ideias para ação

- Pedro teve a oportunidade de falar sobre as coisas mais importantes quando as pessoas lhe perguntaram: "O que significa isto?". Se um conhecido ou um amigo lhe dissesse: "Reparei que há algo diferente em você; o que é?", esta seria uma grande oportunidade para você fazer o mesmo. Faça um resumo de como você responderia à pergunta.

- Ore por cinco amigos, parentes ou conhecidos que você acha que possam estar distantes de Deus. (Se você simplesmente não sabe se Deus é o mais importante na vida de uma pessoa, então ele ou ela poderia fazer essa lista.) Para cada um dos cinco nomes, pense na próxima vez em que você provavelmente verá essa pessoa. Assuma um compromisso pessoal de orar todos os dias pela sua lista de "Cinco nomes para Deus".
- Comece uma conversa simples, mas intencional, com essa pessoa sobre o que é mais importante para você. Seguem algumas ideias para iniciar a conversa:

  — Será que eu poderia lhe contar o que está acontecendo na minha vida espiritual?

  — Quero ter certeza de que você saiba algo sobre mim, algo que espero que seja verdadeiro para você também.

  — Nunca lhe contei sobre a coisa mais importante da minha vida?

Capítulo 5
Trabalhe em grupo

Perguntas para discussão

1. Quando você, como integrante de um grupo, enfrentou um desafio tão grande que fez com que o grupo se tornasse unido? Com que grupo de pessoas você está enfrentando um desafio neste momento, e como você pode se unir a elas para enfrentá-lo?
2. De quais histórias ou oportunidades criativas de trabalho em equipe você já ouviu falar que se assemelham à história sobre microfinanças de José, no Rio, e Thomas, em Londres? Você sabe de alguém que esteja fazendo um grande trabalho como esse ou respondendo a outras áreas de necessidade? Como as pessoas podem começar a fazer essas conexões inovadoras?
3. Reflita sobre os métodos tradicionais de ajudar as pessoas que também requerem trabalho em equipe. Você já se envolveu em esforços desse tipo? Qual foi o impacto sobre os necessitados? O que você aprendeu com a experiência?
4. "Os que sofrem pertencem a todos nós." Como você e as pessoas mais próximas a você estendem a mão para ajudar os que sofrem?

Ideias para ação

- "Nenhum de nós pode fazer o que todos nós podemos fazer." Faça parte de algo maior que você. Dedique-se a um projeto tão grande que você não conseguiria fazer sozinho, descobrindo o que sua igreja já está fazendo. Pode não ser o que faria em seu próprio país, mas você fará uma diferença maior e mais substancial do que se trabalhasse sozinho.
- Há muitas maneiras de participar de uma equipe que já esteja em sintonia e responder ativamente às necessidades das pes-

soas. Reflita sobre os seus talentos e escolha um ministério em que possa usar seus dons para ajudar os outros.

- Reúna os vizinhos para uma discussão sobre as necessidades de sua região. Desenvolva um plano de ação que vocês possam realizar em grupo.

CAPÍTULO 6

Abra a sua porta, abra o seu coração

Perguntas para discussão

1. Você conhece alguém que seja um grande exemplo de hospitalidade? O que faz essa pessoa parecer hospitaleira?
2. De que forma você está usando sua casa com um recurso para ajudar os outros? Como você poderia fazer da sua cozinha, do quintal, da sala ou até mesmo do seu quarto um local de hospitalidade voluntária?
3. O que o impede de convidar pessoas para irem à sua casa? Como você poderia remover essas barreiras? De que forma você ouve a "voz de Martha Stewart" e não percebe que o importante é a hospitalidade?
4. Leia cada uma das seguintes passagens sobre a hospitalidade: Atos 16:15,34, Atos 21:8, Atos 28:2,7; Romanos 12:13; 1 Timóteo 5:10; Tito 1:8; Hebreus 13:2; 1 Pedro 4:9,10 e João 1:8. Como deveríamos ver a hospitalidade à luz desses versículos?
5. Cite algumas pessoas que você gostaria de convidar para ir à sua casa. Defina uma data nas próximas duas semanas para abrir sua porta a uma ou mais dessas pessoas.

Ideias para ação

- Comece uma permanente rotina de hospitalidade em sua vida. Planeje uma refeição por semana, como a sua "refeição da hospitalidade", e convide pessoas. Por exemplo, você poderia convidar amigos toda semana para assistir a um jogo de futebol — um convite explícito para desfrutar da sua hospitalidade e da sua televisão. Ou preparar uma panela de sopa nos sábados à noite. Organize um ponto de hospitalidade na sua varanda ou na calçada e sirva tigelas de amizade a seus vizinhos.

- Inclua outras pessoas em seus eventos especiais em família. Convide uma pessoa que more sozinha para a ceia de Natal. Chame uma família em necessidade para comer com você no Dia de Ação de Graças, ou pegue o peru e faça a refeição na casa dessa família. No Dia das Mães, comemore com uma das senhoras da igreja que nunca teve filhos ou cujos filhos estão longe. Preste atenção nas pessoas que se sentam sozinhas ou que ainda não fizeram amigos em sua igreja e convide-as para uma refeição (mesmo que você passe na rotisserie a caminho de casa).

Capítulo 7

Olhe o necessitado, toque o ferido

Perguntas para discussão

1. "Não é fácil olhar o sofrimento humano no olho." Fale sobre alguma ocasião em que você tenha se deparado com um sofrimento e que tenha sido doloroso observá-lo. Descreva uma situação em que você estava sofrendo e alguém tenha realmente mostrado que via você.
2. O que é passado às pessoas em necessidade, sobretudo àquelas que não são bonitas, quando você olha diretamente para elas, em seus olhos?
3. Tome nota de cada toque significativo que você encontra nos seguintes milagres de Jesus: Mateus 9:20-22, Marcos 1:40-45, Marcos 7:32-35, Lucas 8:51-55, Lucas 13:11-13 e João 9:1-7. Jesus precisou tocar as pessoas para curá-las? Por que você acha que alguma forma de contato fez parte de cada cura?
4. Pedro e João deram mais do que o dinheiro que o mendigo aleijado pedia em Atos 3. Que recursos você tem — além de dinheiro — que poderia dar às pessoas necessitadas?
5. Para Pedro e João, a estratégia de olhos bondosos encontrando olhos desesperados e mãos fortes ajudando mãos fracas desencadeou um milagre de Deus. Como você poderia viver essa estratégia?

Ideias para ação

- Durante esta semana, olhe nos olhos das pessoas que você encontrar. Quando conversar com alguém que você saiba que esteja em necessidade, mantenha contato visual por mais tempo do que o faria normalmente. Reflita sobre como isso de fato o ajuda a ver as necessidades das pessoas de uma maneira nova.

Tal atitude terá um impacto maior se você mantiver um diário ou escrever um resumo ao final da semana, descrevendo como essa experiência afetou sua perspectiva.

- Nesta semana, saia da sua rotina para visitar uma pessoa que esteja passando por necessidade. Se algum conhecido estiver no hospital, visite-o para lhe mostrar que você se importa. Visite um asilo de idosos para oferecer-lhes um toque de compaixão. Comece apertando a mão das pessoas ou dando um abraço quando for adequado. Pergunte se você pode orar por elas e coloque a mão em seus ombros (você pode até orar em silêncio, se achar que é mais confortável). A caminho de casa, reflita sobre a importância dessa visita. Reflita também sobre como você se sente após essas visitas, comparando a como se sentiria se estivesse no lugar dessas pessoas.

CAPÍTULO 8

Perseguição: prepare-se para ela; resista a ela

Perguntas para discussão

1. Como você se sente quando ouve histórias sobre mártires tais como Necati ou sobre perseguições pelo mundo afora? De que maneira isso coloca suas próprias dificuldades em perspectiva?
2. Em sociedades com liberdade religiosa, podemos não vivenciar a perseguição, mas sim a oposição espiritual de críticos, acusadores, de familiares, professores, colegas de escola ou de trabalho e de outras pessoas em nossa vida cotidiana. Essa lista o faz lembrar alguma situação que o tenha levado a se calar em relação a suas crenças?
3. O que você acha que Pedro sentiu em João 18:15-18,25-27? Você já fracassou ao expressar-se diante de pressão ou perseguição? Por outro lado, quando você fez como Pedro diante de seus acusadores em Atos 4:5-13 — pronto para falar corajosamente a verdade mesmo em face de pressão ou perseguição?
4. Você tem desenvolvido hábitos para se dedicar a Jesus de forma a permanecer um tempo longo e frequente em sua presença? Como esses hábitos poderiam ajudar as pessoas a perceber que você tem estado com Jesus?
5. De que maneira as disciplinas espirituais deveriam desenvolver a coragem em um cristão?

Ideias para ação

- Ore pela igreja perseguida. Informe-se sobre a liberdade de culto em algum país com o qual que você já tem uma ligação e ore para que os cristãos desse país sejam fortes em sua fé. Mantenha-se atualizado sobre as notícias da igreja desse país.

- Convoque a sua igreja para orar pelos cristãos perseguidos organizando uma vigília especial de oração ou participando do Dia Internacional de Oração pela Igreja Perseguida. Pense na possibilidade de comprar um mapa-múndi grande para sua casa ou igreja para que os membros da família ou da igreja escrevam orações em bilhetes adesivos e os colem nos respectivos países.

Capítulo 9

Faça o bem, em silêncio

Perguntas para discussão

1. A história de Ananias e Safira em Atos 5 é intensa. As consequências dessa conspiração na igreja primitiva foram graves. No entanto, o autor pergunta: "Isso era realmente necessário?" O que você acha?
2. Como a igreja lida com tais ofensas hoje?
3. Você tem visto exemplos de hipocrisia na igreja que têm afetado desfavoravelmente a sua reputação? Que mudanças específicas os cristãos podem fazer para rebater a reputação de hipocrisia generalizada?
4. Em Mateus 23, Jesus faz acusações contra os fariseus e os doutores da lei, ou escribas. Liste essas sete acusações em uma folha de papel à parte. Como você descreveria o tom de Jesus nessa passagem? Que tópicos comuns você vê nessa lista?
5. O que mudará na sua vida após a leitura de Mateus 23, Atos 5 e deste capítulo de Faça a vida valer a pena?

Ideias para ação

- "Não espere crédito pelas boas ações." Pense em alguém que você saiba que está em necessidade. Que ação concreta você poderia fazer por essa pessoa nesta semana — em segredo? Identifique uma pessoa que tenha um impacto significativo na sua vida. Envie uma carta de agradecimento a essa pessoa por tudo que ela tem feito, mas não deixe que a carta identifique você como autor.
- "Não seja espiritualmente falso." Examine as Escrituras para ver o que elas indicam como falsa espiritualidade e como espiritualidade autêntica. Passe um tempo em oração, pedindo a Deus para lhe mostrar alguma área em que a sua espiritualidade seja fraca.

Capítulo 10

Defenda os que nada têm

Perguntas para discussão

1. A igreja de Jerusalém negligenciou as viúvas de fala grega e buscou resolver o problema (Atos 6). Que grupos ou indivíduos são negligenciados na sua comunidade? Por que são esquecidos ou ignorados?
2. Qual é o público-alvo da sua igreja? Descreva o tipo de pessoas que é mais provável que a frequente. Se a sua igreja tentasse se tornar mais caracterizada pelas pessoas destacadas por Jesus em Lucas 4:14-21, que ajustes vocês teriam de fazer? Que passos poderiam dar para alcançar e prestar culto com os pobres, os cegos, os presos e os oprimidos?
3. Por que você acha que o povo de Israel nunca praticou o conceito revolucionário de Jubileu? Descreva como seria o Jubileu na sua região caso essa lei entrasse em vigor imediatamente. Quais minijubileus você pode estabelecer no seu coração e nos seus hábitos, embora esse conceito radical não seja lei no nosso mundo?
4. O autor mencionou algumas das melhores e mais destacadas organizações que estão fazendo um grande trabalho em relação à pobreza (Visão Mundial, Compaixão Internacional, Água Viva e Missão Justiça Internacional). A que organizações você se juntaria e por quê?

Ideias para ação

- Nesta semana, procure saber mais sobre o que a sua igreja já está fazendo pelos pobres. Ofereça-se para se envolver pessoalmente, para aperfeiçoar o trabalho ou para contribuir financeiramente com um projeto específico.
- Rich Stearns disse: "A pobreza é como a ciência espacial". Consulte os melhores pensadores sobre as questões mais com-

plexas relacionadas à pobreza. Saiba mais sobre as estratégias e as soluções para a pobreza visitando os sites das organizações mencionadas neste capítulo: http://www.visaomundial.org.br/, http://www.compassion.com, http://www.water.cc, http://www.ijm.org.

- "Corte da Bíblia a preocupação com os pobres e você terá cortado seu cerne." Reserve um tempo nesta semana para estudar algumas das cerca de duas mil passagens bíblicas sobre a pobreza, a riqueza, a justiça e a opressão. Comece com os seguintes versículos:

Êxodo 23:6

Levítico 19:15; 23:22; 25:35,39

Deuteronômio 15:7-11; 24:10-15

Salmos 35:10

Provérbios 14:21; 22:22,23; 31:9

Isaías 10:1-3; 58:6,7

Jeremias 5:26-29

Mateus 19:21

Lucas 12:32,33; 13:12-14

Atos 4:33-35

Tiago 2:1-4

Capítulo 11

Lembre-se de quem segura você

Perguntas para discussão

1. Que realizações pessoais fazem com que você se sinta mais grato? O quanto Deus teve a ver com elas? Como você poderia agradecer a Deus por sua ajuda e falar às pessoas sobre isso?
2. Em que fases da vida é tentador ter uma visão muito pequena de Deus ou uma visão muito grande de si mesmo? Que hábitos úteis você poderia desenvolver para manter essas duas tendências sob controle?
3. Que instruções sobre orgulho e humildade você encontra em Tiago 4:6-10? De que forma você vê pessoas humildes experimentando a graça? Quando viu pessoas orgulhosas experimentando a graça?
4. Como Tiago 4:13-17 o ajuda a falar sobre o futuro com humildade?
5. Humildade e orgulho se contrapõem. Mas a sabedoria pode ser um caminho útil para cultivar a humildade e refrear o orgulho. Como uma visão sábia da realidade poderia combater uma visão muito elevada ou muito baixa de si mesmo?

Ideias para ação

- Não deixe de observar o que Deus está fazendo na sua cidade. Use um diário para acompanhar os momentos em que você vir Deus agindo. Quando ele apareceu de uma maneira que tenha lhe chamado a atenção? Como as coisas seguiram um rumo diferente porque alguém estava vivendo como Cristo viveria?

- Da próxima vez em que você receber elogios, responda de forma intencional. Esteja atento para não recusar totalmente o elogio, dizendo que o feito não foi nada. Estenda os elogios àqueles que o ajudaram a realizar tal feito. Melhor ainda, elogie os que o ajudaram, mas em seguida dê glória a Deus por tudo.

Capítulo 12
Mande alguns muros pelos ares

Perguntas para discussão

1. Filipe foi a Samaria e a graça de Deus derrubou os muros que separavam judeus e samaritanos. O autor lhe pergunta: "Que muros existem no seu mundo?" Que divisões você vê dominando a sua cultura? Que regras tácitas de segregação promovem um preconceito subconsciente? Há quanto tempo esses muros têm estado lá? Quais são as suas origens? O que os mantêm?
2. Descreva-se usando as mesmas categorias usadas pelo autor para descrever Filipe (cor da pele, cidade natal, classe social, relacionamentos etc.). Agora, descreva alguém completamente oposto a você nessas categorias. Cite alguém que você conheça que se assemelhe a este último.
3. Como cristãos, o quanto estamos vivendo de acordo com Gálatas 3:28,29 e apagando as divisões entre nós? Onde temos sido bem-sucedidos? Onde falhamos?
4. Como você poderia dizer a uma pessoa do outro lado de um muro divisório que ela é importante para você? O que você poderia fazer para mostrar que se importa com essa pessoa?

Ideias para ação

- Seja honesto consigo mesmo em relação a seus preconceitos. Passe algum tempo em silêncio pensando nisso. Faça uma lista dos grupos de pessoas que você tende a prejulgar ou classificar. Ore por essa lista, pedindo a Deus para mudar seu coração. Em seguida, rasgue o papel, abraçando a liberdade que vem com olhos sem preconceitos.
- Cresça em sua conscientização intercultural. Saiba mais sobre o grupo que vive do outro lado de um muro divisório social

em sua comunidade ou região. Coma onde elas comem, compre onde elas compram e encontre as pessoas. Ouça suas histórias. Descubra o que vocês têm em comum. Descubra quais diferenças são cruciais e seja sensível a elas.

Capítulo 13

Não dê ninguém por perdido

Perguntas para discussão

1. Cite uma pessoa muito pública ou famosa que ninguém esperaria que se convertesse ao Cristianismo. Por que parece tão improvável que essa pessoa se torne cristã?
2. Conte uma história sobre você ou sobre alguém que você conheça pessoalmente e que tenha feito uma conversão inesperada e radical a Deus.
3. "Deus lhe deu um Saulo?" Existe alguém em sua vida de quem a maioria das pessoas desistiu e rejeitou? Como você poderia ser um Ananias para essa pessoa?
4. O que as Escrituras dizem sobre estender a mão aos necessitados? Como você pode estar mais sensível às solicitações do Pai nessa área?
5. Como você descreveria sua conversão? Foi repentina ou gradual? O que você está fazendo para ajudar os outros a viver a conversão?

Ideias para ação

- Se para você é difícil pensar em um Saulo em potencial na sua vida, tente encontrar alguém que poderia se tornar essa pessoa. Que tipo de ambiente rotineiro iria ajudá-lo a fazer amigos entre as pessoas que estão longe de Deus — ou mesmo contra Deus? Lembre-se de que Deus pode estar levando você para esse lugar, assim como levou Ananias à rua Direita.
- Planeje passar um tempo com uma pessoa que se converteu a Cristo e que possa precisar de um cristão maduro para discipulá-la. Inicie o processo simplesmente pedindo para que a pessoa conte sua história, e depois pergunte como você pode ajudar na próxima etapa ou na jornada.

Capítulo 14

Você não é superior a ninguém

Perguntas para discussão

1. Qual era a hierarquia social reinante quando você estava crescendo? Como é hoje em dia? Quem está no topo, quem está na base e onde você está nessa ordem?
2. Em quais situações você ouve uma rotulagem ofensiva? Você se viu inadvertidamente agindo da mesma forma? Como você pode ser um agente de mudanças nesse ambiente?
3. Lembre-se de alguma ocasião em que você se encontrava em situação semelhante à de Pedro em Atos 10. Quando os costumes ou os comportamentos de outra cultura ou raça foram desconfortáveis ou até ofensivos para você? Qual seria a sua reação se Deus o chamasse a participar dos hábitos e das práticas de outro grupo para que você pudesse entrar em contato com essas pessoas?
4. Por que Cornélio não parecia ser seguidor de Cristo, embora fosse? Que julgamentos superficiais as pessoas praticam hoje para medir a espiritualidade?
5. Como você poderia ter tempo para alguns cristãos marginalizados na sua vida?

Ideias para ação

- Crie uma regra para os próximos meses: Ninguém se senta sozinho. Ao entrar em alguma sala, resista à vontade de sentar-se onde você sempre se senta e com as pessoas que sempre se reúnem. Primeiro, procure na lanchonete ou na sala de reuniões, nos bancos ou no santuário, na cafeteria ou no teatro, e encontre alguém que esteja sentado sozinho. Depois, escolha sentar-se com os marginalizados. Após dois meses, você pode pensar em tornar essa regra permanente.

- Participe de um culto em alguma igreja cuja etnia ou cultura dos participantes seja predominantemente diferente da sua. Adapte-se a esse ambiente — procure fazer, o máximo possível, o que eles estão fazendo. Tome nota do que você admira no culto e na vida dessa igreja. Reflita sobre como é ser a pessoa estranha, de fora. Veja o que acontece quando, como Pedro, você experimenta Deus em um cenário cultural diferente.

Capítulo 15

Ore primeiro; depois, ore mais

Perguntas para discussão

1. Como você descreveria a forma com que Moisés orou para Deus em Êxodo 32? Com suas próprias palavras, conte como o autor descreve a maneira de orar do líder da sua igreja brasileira. De que forma os seus momentos de oração diferem dessas descrições? O que você poderia fazer para se tornar mais fervoroso (mais apaixonado) nas suas orações?
2. Quais são as táticas usuais de Satanás para afastá-lo da oração? Como você pode reagir empregando suas estratégias de oração?
3. Qual é o papel da oração na vida da sua igreja? Como você poderia ajustar a sua abordagem à oração em sua igreja para torná-la mais significativa?
4. Fale sobre uma ocasião em que a sua vida de oração parecia mais rica do que é agora. O que era diferente?
5. O que você poderia fazer para reenergizar seus momentos de oração? Que posturas você poderia adotar? Que listas poderia usar? Que atividades de oração poderia experimentar? Que trechos bíblicos poderia usar como orações? Quem poderia acompanhá-lo em oração como inspiração?

Ideias para ação

- Nesta semana, faça um estudo sobre Jesus e a oração. Para ajudá-lo, use os seguintes versículos deste capítulo e outros exemplos de Jesus orando ou ensinando sobre a oração:

Mateus 5:44; 6:6-13; 14:13,23; 19:13; 21:12,13; 24:20

Marcos 1:35; 6:46; 9:28,29

Lucas 6:12-16; 9:18-20; 18:1-8; 18:9-14; 22:39-46; 23:33,34

João 11:41; 17:1,9,20

- Pode ser que você já ore antes das refeições e no início do dia, mas, nesta semana, ore também antes de fazer as seguintes coisas:

antes de ligar o carro
antes de fazer exercícios
antes de fazer a primeira coisa que você faz no trabalho
antes de ligar o computador
antes de pegar o telefone
antes de ir para uma reunião
antes de voltar para casa no fi m do dia
antes de ligar a televisão
antes de abrir um livro
antes de ir dormir
antes de ____________

Capítulo 16

É Jesus que está tocando violino

Perguntas para discussão

1. Quais são as diversas motivações que levam as pessoas a agir com compaixão?
2. Para os cristãos, qual é a motivação fundamental para a ação compassiva?
3. No dia do Juízo Final, como Jesus vai separar os justos dos injustos, de acordo com Mateus 25:31-46? Por que essa passagem é tão difícil de interpretar ao pé da letra?
4. Que grupo foi surpreendido com a escolha de Jesus em Mateus 25? Foram as ovelhas, os bodes ou ambos? Por que se surpreenderam?
5. De que forma você está tentando fazer a vida valer a pena agora que não tentava seis meses atrás?

Ideias para ação

- Volte às páginas deste livro nos próximos dias e tome nota de versículos ou citações que mais que se apoderaram do seu coração. Escreva as palavras em folhas de papel ou em alguns cartões e coloque-os em um lugar estratégico de modo a manter tais verdades diante de você. Ponha no espelho do banheiro, no carro, em sua mesa de trabalho, na bolsa, na carteira ou na porta de casa. Não se esqueça da mensagem e da missão que você tirou de Faça a vida valer a pena.

- Finalize seu plano de ação pessoal com o objetivo de fazer a vida valer a pena. Determine como seus dons, suas paixões e oportunidades mais bem se encaixam no plano de Deus para servir ao bairro, à comunidade e ao mundo aos quais você pertence. Sobreponha esse modelo à sua agenda pessoal para colocar o plano em ação.

Notas

Capítulo 1: Nossa chance de ouro

1. Unicef. *The State of the World's Children 2009: Maternal and Newborn Health*. Disponível em <www.unicef.org/sowc09/re-port/report.php>.
2. Food and Agriculture Organization of the United Nations. *The State of Food Insecurity in the World: Economic Crises — Impacts and Lessons Learned*, p. 2. Disponível em <ftp://ftp.fao.org/docrep/fao/012/i0876e/i0876e.pdf>.
3. Unicef. *The State of the World's Children 2007: Women and Children; The Double Dividend of Gender Equality*, p. 5. Disponível em <www.unicef.org/sowc07/docs/sowc07.pdf>.
4. Equivale a aproximadamente 25 mil por dia. Anup Shah. "Today, Over 25,000 Children Died Around the World". *Global Issues*. Disponível em <www.globalissues.org/article/715/to-day-over-25000-children-died-around-the-world>.
5. Peter Greer & Phil Smith. *The Poor Will Be Glad: Joining the Revolution to Lift the World out of Poverty* . Grand Rapids: Zondervan, 2009, p. 26.
6. Ronald J. Sider. *Rich Christians in an Age of Hunger: Moving from Affluence to Generosity* . Nashville: Thomas Nelson, 2005, p. 10.
7. Ibidem, p. 35.
8. Unicef. *The State of the World's Children 2009*, op. cit., p. 133.
9. Nos Estados Unidos, 76,8% são cristãos, e a população em 2009 girava em torno de 307.212.000 de pessoas, de acordo com o relatório da CIA, *The World Factambémook*, 2009. Disponível em <https://www.cia.gov/library/publications/the-world-factambé-mook/geos/us.html>.
10. UNAIDS and World Health Organization. *AIDS Epidemic Update: November 2009*, p. 21. Disponível em <http://data.unaids.org/pub/Report/2009/JC1700_Epi_Update_2009_en.pdf>.

Capítulo 2: Chamando João-Ninguém

1. "Nicholas Winton, the Power of Good". Gelman Educational Foundation. Disponível em <www.powerofgood.net/story.php>. Patrick D. Odum, "Gratitude That Costs Us Something". *Heartlight*. Disponível em <www.heartlight.org/cgi/simplify.cgi?20090922_gratitude.html>.

Capítulo 3: Deixe Deus tirá-lo de sua concha

1. Hilary Le Cornu & Joseph Shulam. *A Commentary on the Jewish Roots of Acts* . Jerusalem: Netivyah Bible Instruction Ministry, 2003, p. 144.
2. Alfred Edersheim. *The Life and Times of Jesus the Messiah*. Unabr. ed. Peabody, MA: Hendrickson Publishers, 1993, p. 81-2.
3. M. Paul Lewis (ed.). *Ethnologue: Languages of the World.* 16th ed. Dallas: SIL International, 2009. Disponível em: <www.ethnologue.com>.
4. Se você quiser saber mais sobre a sua singularidade e como distingui-la, consulte meu livro *Quebrando a rotina: vivendo o melhor da vida* (Rio de Janeiro: CPAD, 2006).
5. Entrevista por telefone com Jo Anne Lyon, realizada por David Drury, em 23 de junho de 2009.

Capítulo 5: Trabalhe em grupo

1. Para ter um resumo excelente sobre microfinanças, veja o livro Peter Greer & Phil Smith: *The Poor Will Be Glad: Joining the Revolution to Lift the World out of Poverty* (Grand Rapids: Zondervan, 2009).
2. Sam Nunn. "Intellectual Honesty, Moral and Ethical Behavior; We Must Decide What Is Important". Discurso realizado durante o evento "National Prayer Breakfast", em Washington, D.C., 1º de fevereiro de 1996.

Capítulo 6: Abra a sua porta, abra o seu coração

1. U.S. Bureau of the Census. *Poverty: 2007 and 2008; American Community Surveys*, p. 2. Disponível em: <www.census.gov/prod/2009pubs/acsbr08-1.pdf>.

2. Mark Nord, Margaret Andrews, Steven Carlson. *Household Food Security in the United States, 2008*. United States Department of Agriculture, p. iii. Disponível em: <www.ers.usda.gov/Publications/ERR83/ERR83.pdf>.
3. National and Community Service. "White House, USDA, National Service Agency, Launch Targeted Initiative to Address Hunger". Disponível em: <www.nationalservice.gov/about/newsroom/releases_detail.asp?tambéml_pr_id=1579>.

Capítulo 7: Olhe o necessitado, toque o ferido

1. Unicef. *The State of the World's Children 2009: Maternal and Newborn Health*. Disponível em: <www.unicef.org/sowc09/report/report.php>.
2. James Strong. *New Strong's Exhaustive Concordance* . Nashville: Thomas Nelson, 1996, s.v. "Compassion".
3. Bill Gates Sr. & Mary Ann Mackin. *Showing Up for Life: Thoughts on the Gifts of a Lifetime* . New York: Broadway Books, 2009, p. 155.

Capítulo 8 Perseguição: prepare-se para ela; resista a ela

1. CIA. *The World Factambémook 2009*. Disponível em: <https://www.cia.gov/library/publications/the-world-factambémook/geos/tu.html>.
2. *Malatya: The Story of the First Martyrs of the Modern Turkish Church*. Disponível em: <www.malatyafilm.org>.
3. CIA. *The World Factambémook 2009*. Disponível em: <https://www.cia.gov/library/publications/the-world-factambémook/index.html>.
4. dc Talk and the Voice of the Martyrs. *Jesus Freaks: Stories of Those Who Stood for Jesus; The Ultimate Jesus Freaks* . Tulsa, OK: Albury Publishing, 1999, p. 208-9.

Capítulo 10: Defenda os que nada têm

1. Richard Stearns. *The Hole in Our Gospel* . Nashville: Thomas Nelson, 2008, p. 11.

2. *The Expositor's Bible Commentary with the New International Version of the Holy Bible* . Grand Rapids: Zondervan, 1990, v. 2, p. 633-35.
3. "Isaiah and the Mission of the Church". Sermão de Walter Bruggeman na Mars Hill Bible Church, em Grand Rapids, Michigan, em 13 de julho de 2008.
4. United Nations Development Programme. *Human Development Report 2007/2008: Fighting Climate Change; Human Solidarity in a Divided World.* 2007, p. 25. Disponível em: <http://hdr.undp.org/en/media/HDR_20072008_EN_Complete.pdf>.
5. U2.com. "Closer to the Music". Artigo de 30 de julho de 2003. Disponível em: <www.u2.com/news/article/682>.
6. United Nations World Food Programme. *WFP Facts Blast, December 2009*. Disponível em: <http://home.wfp.org/stellent/groups/public/documents/communications/wfp187701.pdf>.
7. Anup Shah. "Today, Over 25,000 Children Died Around the World". *Global Issues*. Disponível em: <www.globalissues.org/article/715/today-over-25000-childrendied-around-the--world>.

Capítulo 11: Lembre-se de quem segura você

1. Anthony de Mello. *Taking Flight: A Book of Story Meditations* . New York: Doubleday, 1990, p. 99.
2. Mission Gate Ministry. "Gospel of Matthew, chapter 20". Disponível em: <www.charityadvantage.com/MissionGateMinistry/images/Matt20.doc>.

Capítulo 12: Mande alguns muros pelos ares

1. Rick Reilly. "There Are Some Games in Which Cheering for the Other Side Feels Better Than Winning". *Life of Reilly*. Disponível em: <http://sports.espn.go.com/espnmag/story?-section=magazine&id=3789373>.
2. Hilary Le Cornu & Joseph Shulam. *A Commentary on the Jewish Roots of Acts* . Jerusalem: Netivyah Bible Instruction Ministry, 2003, p. 403.

Capítulo 14: Você não é superior a ninguém

1. Gavan Daws. *Holy Man: Father Damien of Molokai* . Honolulu: University of Hawaii Press, 1984.
2. Alfred Edersheim. *The Life and Times of Jesus the Messiah*. Unabr. ed. Peabody, MA: Hendrickson Publishers, 1993, p. 62-3.
3. Referência à *Boston Tea Party*, ou Festa do Chá de Boston, episódio da história americana que ajudaria a desencadear a independência dos EUA da Inglaterra. (N. T.)
4. Bob Ray Sanders. "*Blossom's in the Dust* Movie Fine, but the Woman Was Amazing". *Fort Worth Star Telegram*. 17 de novembro 2002. Disponível em: <www.angelfire.com/tx5/adoptee/sanders.html>.

Capítulo 15: Ore primeiro; depois, ore mais

1. Oliver W. Price. "Needed: A Few Committed People to Pray for Revival". Bible Prayer Fellowship. Disponível em: <www.praywithchrist.org/prayer/committed.php>.
2. R. Kent Hughes (ed.). *Acts: The Church Afire* . Wheaton, IL: Crossway Books, 1996, p. 169-70.

Capítulo 16: É Jesus que está tocando violino

1. Gene Weingarten. "Pearls before Breakfast". *Washington Post*. 8 de abril de 2007. Disponível em: <www.washingpost.com/wp-dyn/content/article/2007/04/04/AR2007040401721.html>.
2. Frederick Dale Bruner. *The Churchbook: Matthew 13-28* . Dallas: Word Publishing, 1990, p. 918.
3. David Aikman. *Great Souls: Six Who Changed the Century* . Nashville: Word Publishing, 1998, p. 199-21, 224.

Este livro foi impresso em 2018,
pela Assahi, para a Thomas Nelson Brasil.
A fonte usada no miolo é Minion Pro, corpo 12/15.
O papel do miolo é avena 80g/m², e o da capa é cartão 250g/m².